¿Qué leen los que no leen?

El poder inmaterial de la lectura, la tradición literaria y el placer de leer

¿Qué leen los que no leen?

El poder inmaterial de la lectura, la tradición literaria y el placer de leer

Juan Domingo Argüelles

EDICIÓN DEFINITIVA, CORREGIDA Y AUMENTADA

OCEANO Travesía

¿QUÉ LEEN LOS QUE NO LEEN?
El poder inmaterial de la lectura, la tradición literaria y el placer de leer

D. R. © 2017, Editorial Océano de México, S.A. de C.V.
Eugenio Sue 55, Col. Polanco Chapultepec
C.P. 11560, Miguel Hidalgo, Ciudad de México
Tel. (55) 9178 5100 • info@oceano.com.mx
www.oceano.mx
www.oceanotravesia.mx

Primera edición en Océano: 2017

ISBN: 978-607-527-331-0

IMPRESO EN MÉXICO / PRINTED IN MEXICO

Para Rosy, Claudina y Juan,
lectores sin la garra del deber

Y ahora también para Gabriel Zaid,
lector que despierta conciencias

¿Y para qué leer? ¿Y para qué escribir? Después de leer cien, mil, diez mil libros en la vida, ¿qué se ha leído? Nada. Decir: yo solo sé que no he leído nada, después de leer miles de libros, no es un acto de fingida modestia: es rigurosamente exacto, hasta la primera decimal de cero por ciento. Pero, ¿no es quizá eso, exactamente, socráticamente, lo que los muchos libros deberían enseñarnos? Ser ignorantes a sabiendas, con plena aceptación. Dejar de ser simplemente ignorantes, para llegar a ser ignorantes inteligentes.

GABRIEL ZAID

Índice

Prólogo a esta nueva edición definitiva

¿Qué leen los que no leen? se publicó por vez primera en marzo de 2003 y se reeditó en cuatro ocasiones: en julio de ese mismo año, y luego en 2004, 2007 y 2009. En febrero de 2014 apareció una edición revisada, la cual se agotó. Hoy lo vuelvo a dar a la imprenta, y lo pongo en manos de Editorial Océano de México, en la colección Ágora, el espacio más adecuado para un libro como éste, justamente por tratarse de una colección destinada a la reflexión sobre los asuntos relacionados con el fomento de la lectura y la formación de lectores.

En esta nueva edición, corregida y aumentada, que hoy considero definitiva, he mitigado algunas asperezas y he corregido unas pocas erratas (casi todo libro las tiene), pero también he incluido otras interrogantes y quizá algún nuevo convencimiento que hallé en los tres lustros transcurridos desde el año de su escritura en 2002.

El cambio más sustantivo es el que corresponde al apéndice sobre librerías, pues las cifras, los datos y las apreciaciones del apéndice original correspondían a la realidad mexicana de 2003. Eliminé el texto "La desaparición de las librerías en México" y en su lugar incluí "Pasado y futuro del libro en México", tema que merece también un análisis detenido.

Mantengo el prólogo de la primera edición, pero añado un epílogo en el que reitero las motivaciones y la pasión que dieron origen a *¿Qué leen los que no leen?* Y en el primer capítulo agrego dos textos como complemento y conclusión del mismo: "Ingenuidades y mentiras de la cultura libresca" y "Realidad y lectura". Lo mismo hago en el tercer capítulo, donde añado los textos "Por un retorno de la poesía a las aulas" y "Colgarse de la lectura". En todo lo demás, y a pesar de adiciones y revisiones, el libro es el mismo, porque creo que ni sus motivaciones ni sus planteamientos han caducado.

Los problemas sociales, económicos, políticos, educativos y culturales de la promoción y el fomento del libro y la lectura siguen siendo prácticamente los mismos, y continúa sin comprenderse del todo que no existen fórmulas mágicas ni recetas para incorporar a más personas a la lectura, y que lo que necesitamos no son eslóganes graciosos u ocurrentes ni campañas discursivas y hueras sobre el "tema de la lectura", sino un trabajo arduo y desprejuiciado en todos los ámbitos, y un análisis amplio y una crítica sincera y profunda sobre lo que no hemos hecho o hemos hecho muy mal como consecuencia de nuestras pretendidas e ingenuas certidumbres.

No debo dejar de señalar que, en los últimos quince años, a los problemas preexistentes de la cultura del libro, se sumó uno más que, como absurda paradoja, se pretendió brillante solución, y es el siguiente: en la promoción y el fomento de la lectura las cosas se agravaron cuando las campañas y los programas fueron encargados a publicistas y a agencias de mercadotecnia o bien a instancias burocráticas sin ninguna experiencia en lectura, a personas faltas de sensibilidad y conocimiento, muy atareadas en sus despachos y en sus oficinas y, por lo general, siempre ocupadísimas en no leer.

Reafirmo el propósito de estas páginas. *¿Qué leen los que no leen?* es un libro que invita a leer otros libros de los que se ha alimentado. Y no exige lector alguno ni pretende obligar a nadie. Es un libro hecho de otros libros y otras lecturas, como lo son todos los libros escritos por lectores.

Ahora que lo digo, recuerdo que, cuando se publicó por vez primera, un amigo y experto en lectura únicamente me reprochó una cosa: las "excesivas citas textuales". Me recomendó que las evitara y que, a cambio de ello, parafraseara. Y añadió algo, para mí, escandaloso: "Si coincides con otros autores, usa esas coincidencias como ideas propias; ya son tan tuyas como de ellos. Tal es el fenómeno de la apropiación de la lectura".

Esto último me parece un consejo inaceptable, por todo cuanto puede comprometer a la ética. En cuanto a lo primero, ¡justamente es lo que no quiero evitar! Las citas textuales están ahí para llevar a los lectores a las fuentes originales. *¿Qué leen los que no leen?* lo que hace es sistematizar esas ideas que le dan sentido amplio a la argumentación. Es un libro para invitar a leer otros libros cuyos argumentos comparto; otros libros que me han hecho amar aún más la lectura.

La apropiación de la lectura es esto: emoción e inteligencia que nacen o se reafirman con las coincidencias y desacuerdos que están en las páginas leídas. Pero con demasiada frecuencia la gente le llama parafraseo a lo que en realidad es plagio. Montaigne, que no se andaba por las ramas, decía que citaba para expresar mejor su pensamiento. Nadie puede decir, con palabras mejores, lo que ya se ha dicho insuperablemente. Por ello, las citas textuales son en sí mismas la mejor invitación para leer o releer a los autores citados, ¡dignos, precisamente, de ser citados!

¿Qué leen los que no leen? celebra la lectura en su esencia cultural dialogante. Es una conversación, un diálogo sobre

libros y lectores, con libros y con lectores. Hay personas a las que les gusta escuchar únicamente sus razones. Sólo escucharse. "Oírse o irse", como dijera certeramente Octavio Paz.

De todos los libros que he escrito y publicado sobre la lectura (muchos; quizá ya demasiados), éste es mi predilecto, no sólo por ser el primero, sino también porque su impulso me permitió abrir una puerta que se mantenía cerrada: el de la reflexión, sin puritanismos, blasfema incluso, sobre el sacrosanto "tema" de la lectura: un tema lleno de mitos nobles, clichés, tópicos y lugares comunes de los que se alimentan muchos que han hecho de él su doctrina y su negocio, aunque, paradójicamente, no su comunión.

En este punto no puedo sino citar a Hermann Hesse: "Los enemigos de los buenos libros, y del buen gusto en general, no son los que los desprecian, sino los que los devoran", porque, justamente, los engullen sin ganancia ninguna.

Después de tres lustros de su primera edición, confío en que este libro, que ahora acompañará a otros que también he publicado en Océano, siga dialogando con los lectores, en el acuerdo y en el desacuerdo: esos dos elementos de una bisagra indispensable sin la cual la cultura se anula porque todo se convierte en solipsismo y en monólogo: en necedad. Confío también en que su abierto desafío contra el dogma siga alentando la necesidad de dialogar y debatir sobre un fenómeno (el de la lectura) que es mucho más que un tema de manual y de instructivo.

Ciudad de México, 24 de junio de 2017

Prólogo a la primera edición

Se habla mucho de la lectura de libros y de los beneficios que produce. Y entre los varios argumentos que se ofrecen para desear que la gente lea con mayor frecuencia está, asombrosa y patrióticamente, el de las estadísticas: el bajo índice lector de México que se compara con el muy alto de otros países. Los europeos siempre están a la vanguardia, y además se ufanan de ello. Por tanto, los que somos culpables de bajar las estadísticas tendríamos que avergonzarnos.

Pero hay que tener mucho cuidado con esto, que nos puede llevar a consideraciones muy equívocas. ¿Quién podría objetar la bienintencionada recomendación de que la gente lea más libros? Sin embargo, habría que preguntarse, antes del *cuánto*, *qué leer* y *para qué leer*. Sería justo.

Porque, con el sentimiento de ser menos y en el vértigo de las recomendaciones bienintencionadas, hay quienes proponen cifras ideales y estratosféricas, cuando no demenciales, de lectura: cien, doscientos, trescientos, ¡365 libros al año!; ideales que, por supuesto, son absurdos e imposibles de cumplir si verdaderamente se lee para vivir, pues para llevar a cabo tan exigente tarea tendríamos que dedicar todo el tiempo de nuestra vida al exclusivo propósito de leer. Vivir para leer. ¡He ahí una ambición de bárbara cultura!

El problema reside, sin duda, en el *qué* y el *para qué* de la lectura, más que en el *cuánto*. Qué leer. Para qué leer. De eso habla, un poco, este libro. Y lo hace siempre con el auxilio de quienes han escrito libros pero no han entregado su vida exclusivamente a escribir y a leer libros.

Gente de mucha sensibilidad y de mucha inteligencia que incluso a veces nos advierte de los riesgos que entraña confundir el proceso con la sustancia. Lectores hay, ávidos, eruditos, infatigables, cuyas virtudes humanísticas son nulas o por lo menos dudosas. Y abundan los *no lectores* de libros que no por el hecho de serlo (es decir, de ser *no lectores*) carecen de cualidades y méritos, incluidos los de la inteligencia y la sensibilidad. De eso habla, también, otro poco, este libro.

¿De qué nos sirve leer aquello que creemos que queremos, o que debemos, leer? Leer para acumular lecturas puede conducirnos perfectamente al hastío y a la esterilidad. En cambio, leer algunos libros que realmente enriquezcan nuestra existencia puede aportarle a la acción de leer una dimensión infinitamente superior que la de la erudición disciplinada y muchas veces dictada por la malhumorada obligación.

En su excepcional libro *La intuición de leer, la intención de narrar,* Rodolfo Castro dice, entre otras muchas verdades, la siguiente: "Es que la lectura es tan fastidiosamente importante que da vergüenza, miedo o rencor admitir que no se lee, y que a pesar de eso se es feliz, inteligente, sensible, digno, justo". En contrapartida, piensa Castro, "es abrumadora la cantidad de gente que tiene en su haber infinidad de lecturas de libros, pero vive una existencia superficial, llena de prejuicios y desprecios, de indignidad y sinrazón. Injustos, egoístas, soberbios, arrogantes".

Concluye, con buen juicio, que la lectura se debe desear "como a un cuenco de agua en medio del desierto, y no admirarla como a una pirámide funeraria". Algo parecido ha dicho Fernando Savater respecto de lo que él ha denominado el hastío de la cultura; ese hastío que llega cuando la vida no es diversa en sus gustos e intereses, cuando vuelve aburrida rutina incluso aquello que nació de un profundo deseo, de una pasión libérrima.

La lectura cobra sentido no en el momento en que competimos con los demás para mostrar que nos asiste la razón porque hemos leído más libros que ellos, sino en el momento de integrar a nuestra vida la grata experiencia de conocer otros mundos íntimos que logran impedir que se nos avinagre el carácter y que nos llenemos de arrogancia, e impedir también que nos sintamos siempre obligados a decir algo *inteligente*, *decisivo*, *fundamental* para el mundo: la última palabra.

Hay que leer, decía Ricardo Garibay, como quien conquista tierras vírgenes; sólo así la lectura nos llena de júbilo y nos mejora. Además, no hay que pretender leerlo todo, por muy bueno que nos digan que es aquello que no hemos leído y que, razonablemente, tampoco tenemos obligación de leer. Si no hemos leído *todas las obras* de los pocos grandes genios literarios que ha dado la humanidad, ¿por qué tendríamos que angustiarnos porque no hemos leído aquello que todo el mundo dice que debemos leer? ¿Qué es lo que queremos: brillar en sociedad porque hemos leído ya la novedad de las novedades o tratar de ser simplemente felices al leer aquello que nos gusta y de lo que no tenemos que entregarle cuentas a nadie?

Desde luego, esto es algo que cada quien tiene derecho a responder como mejor le plazca o como más le convenga. No seremos nosotros los que habremos de decirle qué es *mejor*. Que cada quien viva y lea cuanto quiera y como quiera.

El propósito de este libro es mostrar que los escritores también han escrito para los que no leen o, como dijera Vicente Aleixandre en un poema, sobre todo para los que no leen. *¿Qué leen los que no leen?* es una defensa, apasionada, de la libertad de leer y de la libertad, también, de no leer. Aunque esta última libertad a algunos les parezca peligrosa y poco recomendable. Lo cierto es que lo que no hace este libro es "moralizar" la lectura.

Ha dicho Daniel Pennac: evitemos acompañar el teorema de que la lectura humaniza al hombre "con el corolario según el cual cualquier individuo que no lee debería ser considerado *a priori* un bruto potencial o un cretino contumaz". A lo largo de la historia podemos ver que esta moralización de la lectura desemboca siempre en una falacia: muchos lectores no sólo no se han beneficiado con la lectura, sino que han utilizado su condición casi racial de *lectores* para despreciar y zaherir a los que no leen.

Leer no nos hace consustancialmente *mejores*, y el *cuánto* no es lo importante. Esto es lo que se dirá y se repetirá a lo largo de las siguientes páginas. El siempre sabio Gabriel Zaid resumiría todo esto en un par de líneas: "Lo que vale de la cultura es qué tan viva está, no cuántas toneladas de letra muerta puede acreditar".

Ciudad de México, 27 de diciembre de 2002

1. El poder inmaterial de la lectura

En esa gran polémica con los muertos vivos que llamamos lectura, nuestro papel no es pasivo. Cuando es algo más que fantaseo o que un apetito indiferente emanado del tedio, la lectura es un modo de acción. Conjuramos la presencia, la voz del libro. Le permitimos la entrada, aunque no sin cautela, a nuestra más honda intimidad. Un gran poema, una novela clásica nos acometen; asaltan y ocupan las fortalezas de nuestra conciencia. Ejercen un extraño, contundente señorío sobre nuestra imaginación y nuestros deseos, sobre nuestras ambiciones y nuestros sueños más secretos. Los hombres que queman libros saben lo que hacen. El artista es la fuerza incontrolable: ningún ojo occidental, después de Van Gogh, puede mirar un ciprés sin advertir en él el comienzo de la llamarada. Así, y en una medida suprema, ocurre con la literatura [...]. ¿Pueden leerse Ana Karenina *o a Proust sin experimentar una flaqueza o una dimensión nuevas en el centro mismo de nuestra sensibilidad sexual? Leer bien significa arriesgarse a mucho. Es dejar vulnerable nuestra identidad, nuestra posesión de nosotros mismos [...]. Quien haya leído* La metamorfosis *de Kafka y pueda mirarse impávido al espejo será capaz, técnicamente, de leer la letra impresa, pero es un analfabeto en el único sentido que cuenta.*

George Steiner

Lengua, lectura y tradición literaria

En un ensayo que lleva por título *Sobre algunas funciones de la literatura*, el semiólogo y novelista italiano Umberto Eco llama nuestra atención acerca de la existencia de poderes inmateriales que no se pueden medir en términos de peso pero que, de alguna manera, son más importantes y definitivos que muchos otros que a diario se nos presentan como sólidos, palpables, rotundos y contundentes. Entre esos poderes inmateriales, Eco incluye la tradición literaria, es decir,

> el conjunto de los textos producidos por la humanidad con fines no prácticos (como llevar registros, anotar leyes y fórmulas científicas, registrar las declaraciones de los procesos judiciales o proporcionar los horarios de los ferrocarriles), sino más bien *gratia sui*, por el amor de ellos mismos, y que se leen por placer, como alimento espiritual, para ampliar conocimientos, aun como pasatiempo, sin que nadie nos obligue (excepción hecha de las tareas escolares).

Y aunque tiene a bien aclarar que los textos literarios no son inmateriales sino a medias, puesto que encarnan en vehículos hechos por lo general de papel y, más recientemente, en pantallas de cristal líquido, debe tenerse en cuenta que en el pasado tomaban cuerpo en la voz de aquel que recordaba la tradición oral y que, por el principio del placer, compartía con otros un relato realista o fantástico, más esto último que lo primero.

Pragmáticos como son los poderes materiales, y los dueños de su ejercicio, no es infrecuente que, por su gratuidad, el bien inmaterial de la tradición literaria sea visto con desdén porque prácticamente no sirve para nada si su razón de ser está en el placer mismo.

Este desdén o incluso temor por el placer resulta muy similar a lo que la escritora e investigadora argentina Graciela Montes denomina la oficialización y la deshistorización del lenguaje producidas en la escuela. En uno de los ensayos de su excelente libro *El corral de la infancia*, Montes escribe:

> Al oficializar, la escuela deshistoriza, lo despoja a uno de su pasado lingüístico, como si ese pasado fuera por completo desdeñable. Este proceso de deshistorización del lenguaje corre parejo con otras conductas deshistorizantes: la tendencia a machacar generalidades y a huir de lo concreto, la tendencia a fomentar el arquetipo y huir de la historia, y sutiles técnicas mediante las cuales se alienta la pérdida progresiva de la propia carga cultural y el reemplazo de "maneras" desvalorizadas por otras consideradas más prestigiosas.

Más radicalmente, Raoul Vaneigem, en su libro *Aviso a escolares y estudiantes*, identifica la desvalorización del placer y el énfasis en el conocimiento abstracto como "el exilio de sí, la separación de la vida", pues advierte que la escuela lleva la marca sensible de una fractura en el proyecto humano:

> Se ve en ella cada vez más cómo y en qué momento la creatividad del niño se ha quebrado bajo el martilleo del trabajo. La vieja letanía familiar "Primero trabaja, después te divertirás" ha expresado siempre el absurdo de una sociedad que prescribía renunciar a vivir para consagrarse

> mejor a una tarea que consumía la vida y que sólo dejaba a los placeres la apariencia de la muerte.

Desde la década de 1970, en *La sociedad desescolarizada*, Ivan Illich había llamado la atención sobre cómo la institución escolar lleva a cabo un adiestramiento para que las personas confundan el proceso y la sustancia, de forma tal que al alumno se le escolariza para confundir enseñanza con saber, diploma con competencia, restándole valor al conocimiento extracurricular y eliminando casi por completo la búsqueda del placer.

Eso desde luego es un extremo; un extremo, por desgracia, socialmente aceptado. Pero para no caer en otra polarización, Umberto Eco nos llama a no confiar en visiones demasiado descarnadas del placer literario, pues corremos el riesgo, dice, de reducir la literatura al ejercicio deportivo o al llenado de crucigramas, dos cosas que sirven para la salud física o la educación del vocabulario, pero que poseen un poder mucho menos profundo y mucho menos trascendental que la lectura.

Es decir, la lectura tiene una serie de funciones individuales y sociales, como mantener en ejercicio la lengua como patrimonio colectivo y contribuir a crear una identidad y una comunidad, que a veces no se advierten sino cuando pensamos en cómo la tradición literaria ha modificado, a lo largo de los siglos, nuestro pensamiento y nuestra emoción.

El gran narrador mexicano Juan Rulfo, poco afecto a formular teorías, dejó sin embargo algunas declaraciones, por lo que toca a los beneficios de la tradición literaria, que ponen el énfasis donde debe estar. Entre otras cosas, dijo:

> La literatura no es, como creen algunos, un elemento de distracción. En ella hay que buscar la certeza de un mundo que las restricciones nos han vedado. El conocimiento de la humanidad puede obtenerse gracias a los libros; mediante ellos es posible saber cómo viven y actúan otros seres humanos que al fin y al cabo tienen los mismos goces y sufrimientos que nosotros.

El bien inmaterial de la literatura al que se refiere Eco es el mismo que supo distinguir Rulfo: todo lo que va conformando la civilización y mantiene al mismo tiempo nuestra lengua individual y colectiva, gracias a Homero, Dante, Montaigne, Shakespeare, Cervantes, Quevedo, Stendhal, Balzac, Tolstoi, Dostoievski y Whitman, por citar sólo a unos cuantos.

Aun si los libros se transforman, física y conceptualmente, y ya no son de papel sino que se nos presentan en la pantalla; aun así, contra lo que se pudiera sospechar de un modo más bien simplista, y contra lo que se afirma a veces de manera obtusa, pertenecen a una tradición que no pueden negar ni siquiera quienes pretendan renunciar, cándidamente, a su herencia.

En este sentido, el libro electrónico no es más que la continuación del libro tradicional, y gracias a él, y aun contra él, el poder inmaterial de la *Ilíada*, *La divina comedia*, *La tragedia de Macbeth*, *Don Quijote de la Mancha*, *La cartuja de Parma*, *Rojo y negro*, *La guerra y la paz* e *Ilusiones perdidas*, por ejemplo, no perecerá. (Y conste que, aunque decirlo suene rancio, para los lectores a la usanza antigua nada es comparable con el olor, la textura y el carácter portátil del libro tradicional: un instrumento que, por si fuera poco, no necesita pilas ni manual del usuario; un objeto que en sí mismo es perfecto y, en su concepto, prácticamente inmejorable, como puede serlo, para sus funciones particulares, un sencillo y manual exprimidor de limones, como dijo Umberto Eco).

En estos tiempos en que se habla demasiado —y demasiado elogiosamente— de los dones de la descarnada información y de la muy útil tecnología, hay que advertir que los libros no contienen únicamente virtudes informativas, sino sobre todo una serie de valores culturales, fundamentados en la tradición de los siglos. Y hay que recordar también aquello que con mucha sensibilidad y racionalidad señaló alguna vez Gabriel Zaid: ningún avance tecnológico justifica una vida desabrida.

Lecturas inolvidables

Se ha dicho que leer es, entre otras cosas, un lujo de enfermos. Afirmación certera si recordamos las veces que estuvimos en cama por enfermedad y el libro o los libros que leímos en tales circunstancias.

Es más: las lecturas inolvidables no son las que hemos hecho en rígida postura y sentados en silla de duro respaldo, sino en mullido sillón, en grato sofá y en colchón todavía más grato, o simplemente en el suelo, tirados de panza y acodados en el piso, cambiando de postura cuando se nos daba la gana (y siempre se nos daba).

Alicia Reyes nos recuerda que su tío, Alfonso Reyes, al hablar de su descubrimiento de la literatura, escribió:

> No tardé en descubrir los tesoros de la biblioteca paterna, refugio de mi fantasía [...]. Leí el *Quijote* con las admirables ilustraciones de Doré, en una edición tan enorme que me sentaba yo encima del libro para alcanzar los primeros renglones de cada página. Descubrí el *Orlando furioso*; descubrí el Heine de los *Cantares*, y aun trataba yo de imitarlo, así como a Espronceda; descubrí mi inclinación literaria. Todo esto, por descontado, se leía en el suelo, modo elemental de lectura, lectura auténtica del antiguo gimnasio, como todavía nos lo muestran los vasos griegos de Dipilón.

Saber esto nos llena de gozo a quienes también descubrimos la inclinación literaria, o acaso tan sólo la no menos creativa afición por la lectura, del modo más elemental, pero a la vez el más auténtico, que describe Alfonso Reyes. Sin toda esa lata y ese fárrago de leer para aprender algo siempre, sin toda esa monserga que significa leer para ver qué cosa útil se nos quedaba en la mollera, sin toda esa enfadosa instrucción de buscar causas y consecuencias a un acto que no es sino el primer descubrimiento de un vicio solitario que, cuando se intelectualiza en exceso, cuando se hace grave, pierde su principal sentido de la gratuidad y su gracia misma.

Quizá por eso, el vicio de leer en los niños es reprobado por los adultos que les ordenan que en lugar de estar leyendo (que es lo mismo que *no hacer nada*) se pongan de inmediato a estudiar. Los vicios se adquieren por el placer, y cuando ya se han adquirido, difícilmente se abandonan (y cuando se abandonan, nos dejan en una situación lastimosa: como el alcohólico que tenía alguna gracia y ya abstemio nos resulta una lata con su cháchara moralina y su nueva y viejísima filosofía de la abstinencia y el deber ser).

Que, por lo general, el deber no es placentero lo prueba el hecho de que siempre, desde la más tierna edad, estén no sólo aconsejándonos sino ordenando que nos apliquemos. Por eso tiene razón Fernando Savater cuando advierte que el verdadero libertino no busca hacer prosélitos sino, cuando mucho, cómplices. Por eso mismo, el verdadero vicioso de la lectura se explaya y se solaza en su afición, pero no busca motivos para ello. (Por el contrario, hay quienes creen que todo lo cura la escuela, y en ella depositan el ciento por ciento de sus certezas para juzgar si lo que alguien dice tiene alguna validez. Pero bien sabemos que hay cosas que la escuela no cura jamás, y por el ancho mundo andan graduados y posgraduados a quienes la escuela no fue capaz de curarles su rotunda necedad). Nuestros mejores recuerdos de la lectura nos vienen incluso de imágenes deslumbrantes, sorprendentes, mágicas, y de emociones irrepetibles, incluso si en su momento no comprendimos del todo la profundidad y la grandeza de un libro. Los auténticos placeres no admiten justificación. Únicamente lo que se hace por obligación necesita ser justificado.

Haga la prueba el lector, hoy ya diestro, de releer el libro que en su infancia o adolescencia (biológica o de lector) lo deslumbró. No repetirá las emociones de aquello que le dio el más intenso gozo. Las emociones no se disciplinan, y toda disciplina niega la emoción (aunque no falten quienes atribuyan a las fuerzas del intelecto las únicas razones por las que vale la pena vivir).

Cada quien su gusto, cada quien su incapacidad. Pero leer no es una ciencia (ni siquiera escribir lo es). Disciplinar el placer es disminuirlo. Nunca más volveremos —de esto podemos estar seguros— a experimentar la intensidad del placer que vivimos cuando leímos los libros acodados en el piso, tirados de panza, ociosos y felices, o en la mullida cama cuando el libro nos dio la única alegría en la desdicha de nuestra enfermedad.

Para qué sirve leer

Es frecuente que nos pregunten, y a veces que nos preguntemos, para qué sirve leer. No es raro que en la elaboración de las teorías se expongan razones graves, cuando no excesivamente rigurosas.

Otras veces, en cambio, sea figurada o líricamente, nos aseguran que leer no sirve para nada. Y hay razón en ello, pero, por todo lo dicho anteriormente, también debemos entender esta expresión en su calidad metafórica.

Jorge Ibargüengoitia decía que la única razón válida para leer obras literarias es el goce que nos entregan. "Hay que tener en cuenta —explicaba— que los beneficios que produce la lectura de obras literarias son muy tenues. En lo moral, muy dudosos, y en cuanto al conocimiento que dan de la vida, inaplicables. Nunca he oído decir a nadie: 'Me salvé porque apliqué las enseñanzas contenidas en *Fortunata y Jacinta*'".

Para ilustrar la incongruencia de la obligatoriedad escolar de la lectura, Ibargüengoitia recordaba entonces cierta encuesta hecha por una maestra, hacia los años setenta del siglo XX, por medio de la cual investigó los hábitos y conductas de cien adolescentes de distintas capas sociales. Una de las preguntas era: "¿Qué prefieres: leer o ver televisión?". El resultado fue por demás obvio: no hubo un solo interrogado que respondiera que prefería leer.

"Según ella —ironizaba el escritor—, ésta era razón suficiente para impartir clases de literatura, sin tener en cuenta que estos cien niños examinados pertenecen a una sociedad en la que se dan clases de literatura". Y en la que, vale agregar, no se dan clases para ver televisión.

Esto llevó al autor de *La ley de Herodes* a formular la conclusión siguiente: "La lectura es un acto libre. Debe uno leer el libro que le apetezca a la hora que le convenga. Y si no le apetece a uno ningún libro, no lee, y no se ha perdido gran cosa". Conclusión ésta que, entendida como un dogma, corre el riesgo de proponerse cual axioma que señala la imposibilidad y la inutilidad de transmitir el gusto, la pasión por la lectura. Aunque, por otra parte, viene a servirnos para probar otra certeza, aquella que, con devastadora sinceridad, expone Gabriel Zaid en *Los demasiados libros*; una certeza que muchos se niegan a reconocer pero que contiene posiblemente la explicación de por qué la gente lee tan poco: "Para tener éxito profesional y ser aceptado socialmente y ganar bien no es necesario leer libros".

Es más, hay quienes, desde una posición social desahogada o desde el éxito profesional, presumen su incultura libresca, incluso exagerándola, y se ufanan de no haber necesitado los libros y la lectura sino para pasar los exámenes y para sacar la carrera. Las credenciales y los títulos, los diplomas y el currículum relevan con mucha frecuencia la práctica cultural (recordemos el conocido chiste de quien, ante las visitas, muestra su enfado por haber recibido un libro de regalo cuando en casa ya tenía uno).

En este sentido, no deja de tener razón Zaid cuando sostiene que quien regala libros reparte obligaciones, pues no se ha encontrado mejor fórmula para ahuyentar a la gente de la lectura que encomiando excesivamente su valor práctico cuando sus beneficios son tan inciertos.

Más todavía: no es un secreto para nadie que la obligatoriedad de la lectura desde las aulas ha llevado a resultados contraproducentes porque se fundamenta, implícita y a veces explícitamente, en la creencia de que leer es aburrido, lo cual se ejemplifica también con el ejercicio asalariado de quienes imponen la lectura como tarea aunque ellos mismos no la disfruten y, en el peor de los casos, ni siquiera la practiquen.

Son por demás interesantes y significativos los resultados de la mayor parte de las investigaciones sobre conducta lectora en niños y adolescentes. Destaca el hecho de que la lectura como obligación (impuesta sobre todo por los profesores) esté dirigida a cumplir con los requisitos escolares, bajo la premisa de que la lectura (que en los escolares es por lo general esporádica y de muy breves períodos) tiene fundamentalmente una función práctica, y no se toma en cuenta el interés personal.

Estas investigaciones concluyen también que la actitud del adolescente y del joven hacia la lectura adquiere otra dimensión, evidentemente placentera, cuando más que asignársela como un deber se le transmite por entusiasta y apasionada recomendación (sea del profesor, de los padres, de los amigos, del bibliotecario), sin que el estímulo sea la recompensa de la calificación.

En el desarrollo de una mayor independencia del adolescente respecto de quienes exigen el cumplimiento de la lectura como una tarea escolar, su conducta lectora privilegia la satisfacción más que el deber, y la identificación personal, íntima, con aquello que lee.

Leer tiene un carácter en gran medida extracurricular. Las bibliotecas públicas, las salas de lectura y los clubes del libro, junto con los editores, los especialistas en cultura escrita y los autores, además de los padres de familia y los profesores lectores, pueden incidir de modo determinante para que el gusto por la lectura de buenos libros adquiera su valor de apoyo a la educación continua y permanente, más allá de la boleta de calificaciones.

Es cierto, y no hay que perderlo de vista, que las bibliotecas públicas no son únicamente espacios para la lectura recreativa, pero una de sus funciones contempla este aspecto, y el préstamo a domicilio y los servicios similares de las salas de lectura, con la necesaria promoción y la difusión adecuada, pueden y deben influir para que los usuarios sean también lectores y para que la escuela reconozca ese bien inmaterial de la lectura, que suele dar mejores resultados cuando se hacen sentir menos el carácter obligatorio y el autoritarismo de la rígida disciplina.

Leer es peligroso

Nos cuenta un amigo que cierta joven universitaria le confesó, radiante, que se encontraba feliz de haber terminado la tesis (y la carrera), pues así "ya no tendría que leer más".

Esto podría tomarse como una exageración y, en todo caso, como un ejemplo aislado del cual no deben hacerse generalizaciones apresuradas. Pero no se crea, tan optimistamente, que se trata de excepciones y decepciones en países de bajo desarrollo cultural. Stephen Vizinczey observa que en Londres; cuando le preguntó a una universitaria qué le había parecido cierto libro, ésta se puso muy seria y le respondió que no leía para juzgar o disfrutar sino para aprobar la materia.

Nada de esto debe asombrarnos; el asunto es así. La escuela le ha hecho creer a todo el mundo que los libros se hicieron únicamente para estudiar, cursar y aprobar las materias a fin de sacar la carrera. Una parte considerable de quienes recomiendan la lectura no leen absolutamente nada porque los libros ya quedaron muy lejos de su interés. Ya los usaron, ya les sirvieron para los cursos; ¿para qué tendrían que abrirlos otra vez?

Por asombroso que sea, muchísimos funcionarios, editores, maestros, padres de familia, profesionales y promotores del libro saben que leer es positivo, dicen que es provechoso, pero muchos de ellos están muy ocupados en alabar estas virtudes como para tener tiempo en "haraganear" con una novela, con un libro de poemas, con un volumen de cuentos, con un tomo de ensayos, con una obra teatral, con una obra de divulgación científica, etcétera. Ellos están seguros de que el "hábito de la lectura" es bueno, pero no tienen ni la más remota experiencia de por qué es bueno.

Para que no se crea que exageramos, podemos citar extensamente lo que consigna Michèle Petit sobre la experiencia en Francia (gran país lector que ha sido capaz de promover programas con el lema ecuménico "El furor de leer"), en uno de los brillantes ensayos y conferencias de su libro *Lecturas: del espacio íntimo al espacio público*:

> En algunas sociedades poco letradas, leer un libro era internarse en un mundo peligroso, enfrentar al diablo. Semejante miedo puede hacernos sonreír hoy en día, cuando todos celebran los placeres de la lectura o deploran los estragos del analfabetismo. Y sin embargo [...], en Francia, en el año 2000, aún podemos encontrar todos los días muchachos que aman la poesía y leen clandestinamente para evitar que los otros los golpeen duramente, tratándolos de "lameculos" o "maricas"; hay mujeres en el campo que leen tomando todo tipo de precauciones, y que ocultan su libro si un vecino viene a verlas, para no parecer haraganas; chicas en barrios urbanos desfavorecidos que leen bajo las sábanas, con ayuda de una linterna; padres que se irritan cuando encuentran a sus hijos con un libro en las manos, pese a que antes les dijeron que "hay que leer"; documentalistas que confían en las nuevas tecnologías para, "por fin, quitarse los libros de encima"; docentes de letras que ocultan la novela que están leyendo cuando van a entrar a la sala de profesores, para no pasar por sabihondos y no arriesgarse a ser relegados; y también universitarios que nunca leen otra cosa que tesis o monografías, y desconfían de los que manifiestan gusto por los libros. Parece increíble pero es así.

En otro momento, Petit insiste:

> Para transmitir amor por la lectura, y en particular por la lectura literaria, es preciso haberlo experimentado. En

> nuestros ámbitos familiarizados con los libros, podríamos suponer que ese gusto es algo natural. Sin embargo, entre los bibliotecarios, los docentes y los investigadores, o en el medio editorial, muchos son los que no leen, o que se limitan a un marco profesional estrecho, o a un determinado género de obras.

Esto que advierte Michèle Petit es muy fácil de corroborar con la simplísima observación de los espacios públicos: en las sucursales bancarias de la Ciudad de México, por ejemplo, las largas filas para realizar un pago o cobrar un cheque pueden hacer que las personas inviertan más de media hora de su tiempo, y durante esos treinta minutos, 99.9% de quienes esperan el servicio lo hacen mirando el techo o las paredes o viendo anuncios comerciales en monitores de televisión, que si están encendidos es precisamente para transmitir anuncios comerciales.

Ni siquiera en las filas de los servicios universitarios la gente lee, con lo cual se comprueba aquello que alguna vez dijo Gabriel Zaid: "El problema del libro no está en los millones de pobres que apenas saben leer y escribir, sino en los millones de universitarios que no quieren leer, sino escribir". Y sería bueno agregar que no quieren leer, sino que los lean.

Leer es un asunto peligroso, pues quien sea sorprendido leyendo, incluso en espacios culturales y educativos y en ambientes por demás cultos o informados, tendrá que dar una buena explicación para demostrar que no estaba perdiendo miserablemente el tiempo.

Contra el discurso del provecho y la utilidad

En su ensayo "Leer por leer: un porvenir para la lectura" (que forma parte del volumen *Historia de la lectura en el mundo occidental*, coordinado por G. Cavallo y R. Chartier), Armando Petrucci examina los nuevos hábitos de lectura frente al convencionalismo y el canon de todo tipo, dictados por prácticas didácticas que corresponden al siglo XIX y a épocas incluso anteriores; convencionalismo y canon que se refieren no sólo a lo que se lee sino también a cómo se lee: postura rígida del cuerpo, concentración y silencio, en espacios con frecuencia reducidos. Dice Petrucci:

> La lectura, teniendo como base estos principios y estos modelos, es una actividad seria y disciplinada, que exige esfuerzo y atención, que se realiza con frecuencia en común, siempre en silencio, según unas rígidas normas de comportamiento; los demás modos de leer, cuando lo hacemos a solas, en algún lugar de nuestra casa, en total libertad, son conocidos y admitidos como secundarios, se toleran de mala gana y se consideran potencialmente subversivos.

Pero son estos últimos los hábitos que los jóvenes, es decir los "nuevos lectores", los menores de veinte años, prefieren al iniciarse en la lectura, en una relación con el libro que desvinculan por completo de la noción de deber.

En resumidas cuentas, el acto de leer no siempre se lleva bien con la obligación, y esto habría que reconocerlo incluso (y sobre todo) si una de las funciones de un promotor de la lectura es conseguir que la gente lea.

En uno de los brillantes ensayos de su libro *La experiencia literaria*, el siempre cordial Alfonso Reyes elige un discurso intermedio entre las restricciones y el deleite y, al distinguir las diversas categorías de la lectura, advierte que "el libro, como la sensitiva, cierra sus hojas al tacto impertinente", de modo que "hay que llegar hasta él sin ser sentido, en un ejercicio casi de faquir". Y añade:

> Hay que acallar previamente en nuestro espíritu todos los ruidos parásitos que traemos desde la calle, los negocios y afanes, y hasta el ansia excesiva de información literaria. Entonces, en el silencio, comienza a escucharse la voz del libro; medrosa, acaso, pronta a desaparecer si se la solicita con cualquier apremio sospechoso.

Creía Reyes que "sin cierto olvido de la utilidad, los libros no podrían ser apreciados". Ello coincide con lo que señalan Bruno Bettelheim y Karen Zelan en "La magia de la lectura", ensayo incluido en su obra *Aprender a leer*, en la cual estos investigadores de la Escuela Ortogénica de la Universidad de Chicago recomiendan que la lectura sea entregada a los niños despojándola de todo concepto de utilidad práctica y de discursos de enfadosa responsabilidad, pues sólo así, dicen, podrán interesarse realmente en los libros.

Según Bettelheim y Zelan,

> no debemos dejar que nos engañe el hecho de que todo el mundo afirme saber que la capacidad de leer es provechosa. Que la gente alabe semejante conocimiento no quiere decir que este se haya convertido en parte de su visión de la vida o que dé dirección a su comportamiento; puede

seguir siendo un conocimiento inoperante que se guarda en los recovecos de la mente y al que no se presta ninguna atención en la vida cotidiana.

Para estos autores, el único motivo por el cual los niños pueden interesarse en un libro es la dimensión mágica de su contenido; todo lo demás comienza por ser un discurso del deber, y termina siendo un acto aborrecido si no está motivado por la libertad y la fantasía.

Uno de los problemas principales en lo que atañe al elogio de la lectura se debe a que se destaca, con énfasis excesivo, el valor práctico que tiene saber leer, siendo que, a ciertas edades, lo que persuade al niño para acercarse a los libros no es la promesa de que lo hará grande e importante en un lejano futuro, sino la recompensa inmediata de hallar en ellos un mundo placentero.

Desde luego, es importante la motivación, pero la motivación no a través de subrayar el carácter práctico de las habilidades, sino por medio de la ayuda, del contagio del entusiasmo, de la guía placentera para abrir las puertas de la imaginación. El poder mágico de la lectura es lo que da su mayor atractivo a los libros ante los ojos de un niño. En otras palabras, y para decirlo con una feliz frase de Gabriel Zaid, "leer no sirve para nada: es un vicio, una felicidad".

Cuando alcanzamos esta certeza y nos siguen interesando los libros, nos resulta casi imposible renunciar a la lectura, a diferencia de quienes comenzaron y terminaron aborreciéndola porque se les impuso como un penoso ejercicio del deber por medio de personas (generalmente los padres y los maestros) que también lo asumían como un penoso ejercicio del deber, y cuya acción sin duda fue decisiva para despojar a la lectura de todo sentido del gozo.

La lectura lleva, por supuesto, a otra ganancia, y acaba siendo importantísima para la cultura de un pueblo, de un país, pero esto es otra cosa y lo entendemos mucho después.

Aviso a escolares y estudiantes

Desde *La sociedad desescolarizada* (1971) de Ivan Illich, no se había escrito un alegato tan lúcido contra la escuela como esa institución "en la que se aprende a sobrevivir desaprendiendo a vivir". Este alegato es el de Raoul Vaneigem en *Aviso a escolares y estudiantes*.

La edición original de ese espléndido librito vio la luz en Francia en 1995, y continúa una serie de obras profundamente críticas de Vaneigem respecto a una sociedad que ha perdido el rumbo y que se ha entregado a "un hedonismo de supermercado y una democracia de autoservicio". Entre esas obras conviene mencionar dos que también se han publicado en español: *Banalidades de base* (1976) y *Tratado del saber vivir para uso de las jóvenes generaciones* (1977).

Si Ivan Illich había definido a la institución escolar como un tabú intocable y una especie de nueva religión sobre la que no se atreven a dudar ni las izquierdas ni las derechas, creadora de déspotas y culpable de un abismo de clases, Vaneigem actualiza los conceptos de Illich cinco lustros después y encuentra que bajo las aparentes solicitudes de la modernidad, muchos arcaísmos siguen marcando la vida de los estudiantes, pues "ningún niño traspasa el umbral de una escuela sin exponerse al riesgo de perderse; quiero decir, de perder esa vida exuberante, ávida de conocimientos y maravillas, que sería tan gozoso potenciar en lugar de esterilizarla y desesperarla bajo el aburrido trabajo del saber abstracto".

Tanto para Illich como para Vaneigem, la escuela es a la educación lo que la Iglesia es a la religión, y advierten que, defensoras del dogma, las cofradías de ministros de una y otra han estado repitiendo que fuera del rito no hay salvación. Para el caso de la educación, aquellos conocimientos que no se adquieren en las aulas acaban teniendo el estigma de la duda, de la sospecha y hasta de la invalidez: como si únicamente la escuela pudiera generar educación.

El radical alegato de este pensador señala que la empresa escolar ha obedecido casi exclusivamente a la preocupación dominante de mejorar las técnicas de adiestramiento "para que el animal sea rentable"; es decir, en lugar de una educación por el principio del humanismo, una enseñanza por el camino de las conveniencias que conduce, nada más, a la certeza de un empleo y de un salario, y a últimas fechas ni siquiera a esta certeza: tan sólo a una vaga esperanza.

Sostiene que una escolarización que privilegia la rentabilidad y la competencia produce una cadena de adultos insatisfechos, "frustrados por un destino que hubieran deseado más generoso", pues la perspectiva de tener que pasar la vida en una fábrica o en una oficina para ganar el sueldo del mes "no es lo más apropiado para exaltar los sueños de felicidad y de armonía que alimentaba la infancia".

La mayor parte de la sociedad ha sido instruida en las lecciones de la amargura, "del trabajo forzado, de la disciplina militar y de esa abstracción cuya etimología (*abstrahere*, sacar) manifiesta suficientemente el exilio de sí, la separación de la vida". En un esquema así, los que pueden "triunfar" a costa de su amargura y de la desdicha de los demás son una minoría de viejos prematuros, "de *golden boys* caídos en la senilidad precoz porque han preferido el dinero a la infancia".

Existe una extraordinaria similitud entre los razonamientos de Ivan Illich y los de Vaneigem. Así, por ejemplo, en *La sociedad desescolarizada*, Illich explica:

> Muchos estudiantes, en especial los que son pobres, saben intuitivamente qué hacen por ellos las escuelas. Los adiestran para confundir proceso y sustancia. Una vez que estos dos términos se hacen indistintos, se adopta una nueva lógica: cuanto más tratamiento haya, tanto mejores serán los resultados. Al alumno se lo "escolariza" de ese modo para confundir enseñanza con saber, promoción al curso siguiente con educación, diploma con competencia, y fluidez con capacidad para decir algo nuevo. A su imaginación se la "escolariza" para que acepte servicio en vez de valor.

Por su parte, en *Aviso a escolares y estudiantes*, Vaneigem sostiene:

> Después de haber arrancado al escolar de sus pulsiones de vida, el sistema educativo intenta cebarlo artificialmente para llevarlo al mercado de trabajo, donde seguirá balbuceando hasta la repugnancia el *leitmotiv* de su juventud: ¡Que gane el mejor! ¿Que gane qué? ¿Más inteligencia

> sensible, más afecto, más serenidad, más lucidez sobre sí y sobre las circunstancias, más medios para actuar sobre su propia existencia, más creatividad? No, más dinero y más poder, en un universo que ha consumido el dinero y el poder de tanto ser consumido por ellos.

Procediendo por un sistema de razonamiento casi aforístico de tan lúcido y sabio, a Vaneigem no le cabe la menor duda de que "quien transforma lo vivo en cosa muerta, con el pretexto que sea, demuestra sólo que su saber no le ha servido siquiera para hacerse humano", y que "quien lleva en su corazón el cadáver de su infancia nunca educará más que almas muertas".

La conclusión no es menos categórica: "Nada mata con mayor seguridad que contentarse con sobrevivir". Para Vaneigem, el beneficio de una buena educación no reside en que los discípulos quieran ser los mejores, sino en que quieran, y puedan, realmente, conseguir lo mejor de la vida. "No hay niños estúpidos —subraya—; solo hay educaciones imbéciles. Forzar al escolar a subir hasta lo más alto contribuye al trabajoso progreso de la rabia y de la astucia animales, pero seguramente no al desarrollo de una inteligencia creadora y humana".

La perdición de la lectura

Hay muchas formas de fomentar el placer de la lectura, pero se ha comprobado que ninguna es más eficaz que la natural emulación. Padres que leen engendrarán hijos lectores, pues sobre todo a través del ejemplo nace el interés, a diferencia del discurso que amonesta y castiga la falta de inclinación.

Luego están los profesores, los promotores de la lectura, los bibliotecarios y demás favorecedores del libro, que si consiguen hacer placentera la experiencia de leer reafirmarán el gusto en aquellos que ya lo tenían o despertarán la inquietud lectora en quienes aún no habían contraído el vicio lector.

Fernando Savater ha dicho que se sale de la angustia leyendo y que se vuelve a ella por la misma puerta. "En cosas así consiste la perdición de la lectura", concluye. Si, como cree el filósofo y escritor español, los libros sólo funcionan con nuestra energía, puesto que somos su único motor, se aprende a leer leyendo, cayendo en la tentación, que es, según se sabe, el modo más seguro de contraer vicios.

Si leer nos sirve para ser *mejores*, o bien, pese a su aparente influjo benéfico, no nos salva de ser peores, es algo que sólo sabremos en la medida en que leamos y en que reafirmemos el sentido de esta experiencia. Tiene sentido recordar de nuevo a Gabriel Zaid: "¿Qué demonios importa si uno es culto, está al día o ha leído todos los libros? Lo que importa es cómo se anda, cómo se ve, cómo se actúa, después de leer. Si la calle y las nubes y la existencia de los otros tienen algo que decirnos. Si leer nos hace, físicamente, más reales".

Cuando leer nos hace, en efecto, más reales, integramos lo leído a lo vivido y le conferimos su potencial de cultura viva; a tal grado lo integramos a nuestra experiencia, que terminamos por no poder reconocer las vías por las cuales nos llegó esa gracia del mundo. En palabras de Alfonso Reyes, la lectura se vuelve vida, que, a diferencia de la fría erudición, es el mejor destino de la cultura.

A propósito de ello, Savater sostiene:

> El efecto de los libros sólo se sustituye o se alivia mediante otros libros. Es la única adicción verdadera que conozco, la que no tiene cura posible. Con razón los adultos que se encargaron de nuestra educación se inquietaban ante esa afición sin resquicios ni tregua, con temibles precedentes morbosos [...], también literarios: ¡el síndrome de don Quijote! De vez en cuando se asomaban a nuestra orgía para reconvenirnos: "¡No leas más! ¡Estudia!". Ahora es común la confusión entre leer y estudiar, quizá alentada por bienintencionadas campañas pedagógicas. Cuando el verano pasado recomendé leer algo a unas aburridas jovencitas, protestaron así: "¡Pero si estamos en vacaciones!".

Por algo Savater, en su *Diccionario filosófico,* llega a la siguiente conclusión, que tiene que ver con su oficio de lector, escritor y promotor de la lectura:

> Vivimos entre alarmantes estadísticas sobre la decadencia de los libros y exhortaciones enfáticas a la lectura, destinadas casi siempre a los más jóvenes. Hay que leer para abrirse al mundo, para hacernos más humanos, para aprender lo desconocido, para aumentar nuestro espíritu crítico, para no dejarnos entontecer por la televisión, para mejor distinguirnos de los chimpancés, que tanto se nos parecen. Conozco todos los argumentos porque los he utilizado ante públicos diversos: no suelo negarme cuando me requieren para campañas de promoción de la lectura. Sin embargo, realizo tales arengas con un remusguillo en lo hondo de

> mala conciencia. Son demasiado sensatas, razonan en exceso la predilección fulminante que hace ya tanto encaminó mi vida: convierten en propaganda de un *master* lo que sé por experiencia propia que constituye un destino, excluyente, absorbente y fatal.

Esta sincera confesión de un profesional del libro puede suscitar oposiciones, polémicas y rechazos por parecer simplista o por ser en extremo sincera. Pero no es, en ningún modo, ingenua; carece por completo de candidez. Es la opinión, tras larga experiencia, de un lector según el cual lo que parece que se ha perdido no es el hábito de leer "sino la indócil perdición de antaño", porque "ante los educandos, uno repite los valores formativos e informativos de los libros, para no asustar, pero se calla lo importante": que el acto de leer, que la afición de leer, que el gusto de leer es una pasión difícilmente explicable.

Escolarizaciones

Por lo general, se tienen opiniones favorables acerca de la educación y de la escolaridad porque hay valores (como el dinero) que parecen unificar criterios lo mismo de la izquierda que de la derecha. Hay ciertas nociones que no admiten crítica. Escribe Savater:

> Con mayor o menor verosimilitud se ha hablado de la muerte de Dios, de la muerte del sujeto, de la muerte de la revolución, de la muerte de la política, de la muerte del arte, de la filosofía o de la mismísima muerte del hombre,

> pero nadie se ha atrevido jamás a denunciar el más leve atisbo de la muerte del dinero.

Entre esos pocos productos culturales de los que no se puede admitir certificado de defunción está, junto con el dinero, la escolarización. Cualquiera que se atreva a poner en duda sus beneficios comete herejía y blasfemia. Como ya vimos, las cometió Ivan Illich en la década de 1970 y las comete también Raoul Vaneigem en su ya citado *Aviso a escolares y estudiantes*, donde hace los siguientes razonamientos que deberíamos tener siempre presentes si de veras creemos en el espíritu crítico:

> No queremos una escuela en la que se aprende a sobrevivir desaprendiendo a vivir. La mayor parte de los hombres no han sido otra cosa que animales espiritualizados, capaces de promover una tecnología al servicio de sus intereses predadores pero incapaces de perfeccionar humanamente lo viviente y de alcanzar así su propia especificidad de hombre, de mujer, de niño.
>
> Para destruir la opresión, la miseria, la explotación, no basta ya con una subversión envenenada por los valores muertos que combate. Ha llegado la hora de apostar por la pasión irreprimible de lo vivo, del amor, del conocimiento, de la aventura que inaugura a cada instante cualquiera que haya decidido crearse según sus "razones del corazón".
>
> Que la infancia haya caído en la trampa de una escuela que ha matado lo maravilloso en lugar de exaltarlo indica

suficientemente lo urgente que es para la enseñanza, si no quiere hundirse aún más en la barbarie del hastío, crear un mundo en el que esté permitido maravillarse.

Los pedagogos han afirmado siempre que la disciplina y el mantenimiento del orden eran la condición *sine qua non* de toda educación. Percibimos hoy mejor hasta qué punto su pretendida ciencia procedía de hecho de una muy común práctica represiva: alentar el desprecio de sí y vejar los "apetitos carnales" para elevar al hombre al séptimo cielo del espíritu arrancándolo de la materia terrestre.

Cada cual posee su propia creatividad. Que no tolere ya, por tanto, que se la asfixie tratando como un delito sujeto a castigo el riesgo de equivocarse. No hay culpas, sólo hay errores; y los errores se corrigen.

Y ¿cómo podría instruir a los niños que tiene ante sí el educador que ni siquiera es capaz de ser de nuevo niño renaciendo a sí mismo cada día? Quien lleva en su corazón el cadáver de su infancia nunca educará más que almas muertas.

Un *luthier*, un hortelano, un ebanista, un pintor, un biólogo, tienen seguramente más y mejor que enseñar que esos hombres de negocios que vienen a ensalzar la adaptación a las leyes aleatorias del mercado.

Lo que se enseña por el miedo hace el saber temeroso.

Nada progresa por el terror salvo el terror mismo.

Sólo el placer de ser uno mismo y de ser para sí le daría al saber esa atracción pasional que justifica el esfuerzo sin recurrir a la obligación.

Los espacios para el deseo

Digan lo que digan los discursos de autoridad de los poderes públicos o privados acerca de la lectura, lo verdaderamente cierto es el aserto savateriano de que el goce por el placer mismo es un acto libertino, y de que todo afán misionero es puritano. "Si el libertino logra cómplices —dice Savater— es sólo por contagio, no mediante sermones".

En su citado libro *Lecturas: del espacio íntimo al espacio público*, la investigadora francesa Michèle Petit señala que para transmitir amor por la lectura, especialmente por la lectura literaria, es condición primera haberlo experimentado. La lectura, piensa también, no debe reducirse a un registro de eficiencia, porque en la soledad del lector, éste no piensa que lee para instruirse, sino que lee tan sólo (pero ni más ni menos) por el sencillo hecho de existir.

Para decirlo pronto, Petit enfatiza que "sin ensueño, sin fantasía, no hay pensamiento, no hay creatividad. La disposición creativa tiene que ver con la libertad, con el rodeo, con la regresión hacia vínculos oníricos, con atenuar tensiones", y la escuela en general no las atenúa sino que las remarca, las potencia, y las integra a un estrés de obligación y disciplina más digno de galeotes que de personas libres y felices.

Es aquí donde tiene algún sentido la existencia de los promotores de la lectura, que no pueden ser sino lectores, gente que sepa comunicar su entusiasmo sin sermonear y que acepte y sepa que en el porvenir de la lectura una de las mejores imágenes posibles es la de la libertad del lector engendrada, sintomáticamente, por el disfrute azaroso, indisciplinado y desordenado de la lectura.

Adolfo Bioy Casares, lector irredento si los hay, sabía que no era por medio de la obligación como se podía transmitir el gusto por los libros y la lectura. Entre los pocos versos que escribió este excepcional narrador, hay dos epigramas dignos de recordarse. El primero lleva por título *Noticias para la edición escolar de cualquier libro mío,* dedicado "al profesor", y dice así:

> Ni contra el torpe, de cabeza enhiesta,
> le sirva de instrumento de tortura.
> Usted inicia a la gente en una fiesta.
> No es otra cosa la literatura.

El otro epigrama, complementario del anterior, está dedicado "al estudiante" y cierra el círculo de la idea placentera de leer:

> Desconfiado estudiante, a este librito
> no tiene que aprenderlo de memoria.
> Para eso, francamente, no fue escrito,
> ni para ser lectura obligatoria.

Fomentar el placer de la lectura es pues, en gran medida, antes que nada, un proceso de contagio del entusiasmo que se reafirma tiempo después con la persuasión, cuando la gente ya tiene al menos una noción del valor de la lectura. A algunas personas (especialmente del ámbito académico) no les gusta el concepto "contagio" para ser aplicado a la lectura, porque aducen que ello conlleva el sentido negativo de "transmitir una enfermedad". Sin embargo, aunque no otra cosa suele ser la lectura (un virus), cuando se adquiere, cuando ya hemos caído felizmente en sus redes, también existe el sentido figurado y poético del verbo "contagiar": contagiar la alegría, contagiar el entusiasmo, contagiar la felicidad y, como parte de estos mismos mecanismos, contagiar la lectura.

Richard Bamberger planteó así la paradoja que hoy lleva su nombre: "Muchos niños no leen libros porque no saben leer bien. No saben leer bien porque no leen libros". Con lo cual se prueba que los procesos que engendran el "hábito de la lectura" de libros (que más bien debería llamarse el "placer de la lectura") corresponden a una cadena que tiene más de un segmento frágil.

En su libro *Formar niños lectores de textos*, Josette Jolibert y el Grupo de Docentes de Écouen plantean —lo saben por experiencia— que los niños leen para alimentar y estimular la imaginación, no para aprender dominios ni asumir poderes. Si el acto de leer desarrolla muchas otras habilidades, ésta es una ganancia extra, pero nada hay peor que imponer la lectura para exigir habilidades. Es más, se aprende a leer leyendo libre, azarosa, despreocupadamente, y no cuando se le enseña a uno a leer para después imponerle la lectura como una camisa de fuerza, como un cepo, como un castigo, como una férrea disciplina, como una distinguida y refinada tortura.

Lo han dicho múltiples conocedores del proceso. Entre otros, lo ha afirmado Felipe Garrido, quien ha dedicado muchos años a este tema: "Que alguien lea por puro gusto, por el placer de leer, es la prueba definitiva de que realmente es un buen lector". Además, sólo un *buen lector* puede ser verdaderamente un *buen estudiante*, pues leer por obligación y sin apasionarse puede tal vez servir para pasar un examen, pero difícilmente para abrir otros horizontes.

La raíz del rechazo de los niños a la lectura en la edad escolar reside fundamentalmente en un hecho incontrovertible: con la socialización y la escolarización se los despoja de las capacidades innatas de perplejidad, asombro, fantasía e interrogación ante los enigmas cotidianos de la vida. La escuela, guardiana del orden, se encarga de desarrollar destrezas y de apuntalar abstracciones a un muy elevado costo individual, pues extingue el fuego del espontáneo ímpetu creador, motor fundamental del espíritu e interrogador subversivo por excelencia.

Esto lo ha observado de modo extraordinario Gareth B. Matthews en su libro *El niño y la filosofía*, en el cual comenta su preocupación por esta pérdida que la edad adulta escolarizada termina por encontrar consustancial a la condición "seria" de la vida; "seria", es decir, aburridamente ritual y apagada; sin calor, sin fuego. "Se me ocurrió —explica Matthews— que mi tarea como profesor universitario de filosofía era reintroducir a mis estudiantes a una actividad que antes habían disfrutado y encontrado natural, pero que más tarde, al ser socializados, habían abandonado".

En este fenómeno, lo importante es la *animación creadora*. Así la denomina Zaid en su espléndido ensayo "Los libros y la conversación" de donde está tomado el siguiente ejemplo ilustrativo:

> Un niño de dos años acompaña a sus padres a la mesa, donde conversan con las visitas en una lengua que jamás ha escuchado. De pronto, empieza a farfullar, como si hablara en esa lengua. Tiene apetito de conversación, confianza en que puede participar. Repite, en cierta forma, la aventura de aprender a hablar. Y, si viviera en el país de los amigos que llegan de visita, seguramente llegaría a dominar su lengua como algunos aprenden a nadar: echándose al agua. Observando este apetito de comunicación, Paul Goodman creía que los niños pueden aprender a leer espontáneamente; que el problema está en que la escuela les quita el apetito. Con su ironía socrática de maestro de primaria, decía que si los niños fueran a la escuela desde que nacen para que les enseñaran a hablar, una buena parte de la población sería muda o tartamuda.

Mucha gente culta pero esnob, pedante y avinagrada suele olvidar para qué sirven los libros: cree, con frecuencia, en el valor del libro por el libro mismo, y hay incluso quienes creen que saben porque tienen muchos libros y mantienen un contacto permanente con el medio cultural, con la bibliografía especializada, con el ambiente pedagógico. No conformes con creer esto, muchas de estas personas se creen "mejores" que quienes no frecuentan los "buenos libros" y de este modo "justifican" una discriminación cultural verdaderamente bárbara y oscurantista.

Por descontado, aunque no lo expresen, creen más en los simulacros y en las credenciales del saber que en el saber mismo, y en los libros que hablan de otros libros, que los resumen y los explican, más que en los que dieron origen al resumen y la explicación.

En un ilustrativo cuento sufí, Bahauddin fustiga a los eruditos académicos que se mofan de los estudiantes potenciales y vulnerables y arruinan sus espíritus con libros falsamente crípticos, y con creencias fanáticas falsamente culturales que suscitan el desconcierto y provocan la destrucción del gusto por leer.

Pertinentemente, Zaid nos pide no olvidar que "los libros son letra muerta, mientras no favorezcan la animación de la vida".

Lectura y mejoría

Hay una duda metafísica que suele asaltar legítimamente a las personas más o menos bienintencionadas, más o menos ingenuas, más o menos buenas, es decir, a las que no tienen como primera exigencia la malicia: si aceptamos que leer y escribir nos hace, siempre, *mejores*, entonces ¿por qué, entre los que leen y escriben, hay tanta gente fastidiosa, molesta, impertinente, colérica o ya de plano agresiva?

Esto fue lo que nos preguntó, sin asomo de ironía, una buena persona que estaba decepcionada de conocer algo del medio literario, un día que se le ocurrió acercarse a los rituales de la cultura. No supimos qué responderle en ese momento. Lo que le dijimos —meras explicaciones de carácter "humanitario"— no fue suficiente para sacarla de su pesimista visión.

Esta buena persona había tenido la muy mala suerte de querer platicar con gente culta, y lo que había sacado en conclusión es que los cultos son gente muy pesada, que incluso puede ser despectiva, desdeñosa y agresiva, cuando no malvada. Luego, ya meditándolo en la soledad, creímos vislumbrar que la respuesta puede estar, muy probablemente, en aquello que formuló alguna vez Jorge Luis Borges: la lectura es una adicción, es una droga, y como toda droga (él ejemplificaba con el opio), produce los sueños que son consustanciales a los espíritus que la consumen.

De tal modo, ¿qué puede esperarse de los sueños de opio de un asesino y qué de los sueños de lectura de un loco furioso o de un bilioso que detesta a la humanidad entera y que cree que el mundo no lo merece y cree, de veras, que la lectura es para ser más sabios, más racionales, más lógicos, más eruditos, para alejarse lo más posible de la "ignorancia" y, en consecuencia, de los "ignorantes" a quienes considera brutos indeseables y culpables de su brutalidad?

Así se sintió esta buena persona de la que hablamos: una ignorante castigada con el látigo del desprecio de personas cultas que presumían sus lecturas y sus escrituras y que brillaban en la conversación con sus iguales. Las personas ilustradas que se identifiquen con este tipo de saber cerrado tal vez puedan argumentar que su conversación o su trato de cenáculo servirán para "motivar" a quienes deseen participar en ese saber cifrado. Pero lo cierto es que ello sólo servirá a los iniciados, como en una sociedad secreta. No conseguirá ir más allá porque su principio es, ante todo, excluyente y antipático.

Lo que pasa es que hasta Shakespeare, Stendhal, Balzac y todos los más nobles espíritus pueden servir para justificar las cóleras o los resentimientos más repulsivamente intelectualistas de individuos que piensan que, entre la especie humana, son mejores que los demás únicamente porque tienen libros, nada más porque frecuentan sus páginas y porque aprenden ahí cosas elevadas, sublimes, aunque (ellos no se dan cuenta) esas cosas no consigan penetrar en su alma sino tan solo barnizar su epidermis. Como diría Balzac, no hay que dejarnos engañar con los discursos políticamente correctos. Cualquiera puede justificar cualquier cosa incluso con los motivos más hermosos.

Por eso se entiende la extrañeza de la gente auténticamente candorosa que no sabe por qué si un señor o una señora tienen entre sus aficiones la noble lectura, son tan inhumanamente insoportables. En sus extremos más bestiales, con la lectura puede pasar lo que advirtió, desencantadoramente, George Steiner respecto del nazismo:

> El extremo último de la barbarie política surgió del meollo de Europa [...]. No es sólo que la difusión general de valores literarios, culturales, no pusiera freno alguno al totalitarismo, sino también que en ciertos casos notables los santos lugares de la enseñanza y del arte humanista acogieron y ayudaron efectivamente al terror nuevo. La barbarie prevaleció en la tierra misma del humanismo cristiano, de la cultura renacentista y del racionalismo clásico. Sabemos que algunos de los hombres que concibieron y administraron Auschwitz habían sido educados para leer a Shakespeare y a Goethe, y que no dejaron de leerlos.

El nazismo, como todos los fanatismos de la raza, la idea o la cultura, es una prueba rotunda de que las teorías bienintencionadas sobre el desarrollo cultural y la alta civilización como consecuencia y como causa de un mayor progreso del humanismo se estrellan contra la descorazonadora verdad de que no por ser lector ávido el ser humano estará lejos de las bestias.

Las autocomplacientes teorías que relacionan progreso político, social y económico con arte y cultura terminan por ser algunas de las chapucerías más patéticas de la soberbia intelectual. Creer que en el libro reside de suyo, siempre, el mejoramiento humano, es como ignorar que entre los creyentes religiosos, que presuntamente siempre tienden al bien, se incuban y se desarrollan muchos de los especímenes más infames y destructivos del género humano y la naturaleza. Todo fanatismo, incluso el de la cultura, por bienintencionado que sea, conduce siempre a conclusiones falsas y muchas veces perversas.

Como todas las adicciones que se vuelven contra nosotros, cuando pierden su nobleza, la lectura no sólo no cura los males sino que los agrava. A los pretenciosos los vuelve más pretenciosos; a los ridículos, más ridículos; a los vanidosos, más vanidosos; y más frívolos a los frívolos, y más desdeñosos a los desdeñosos. Que es lo mismo que decir, con Lichtenberg, "aquello tuvo el efecto que por lo general tienen los buenos libros. Hizo más tontos a los tontos; más listos a los listos, y los miles restantes quedaron ilesos".

No hay que dejarse impresionar por las formas cerradas e incomunicables de la cultura, por muy alta que ella sea y por muy noble que parezca. Con perfecto sarcasmo Francisco de Quevedo lo dijo en el siglo XVII: "Libros cultos doctoran ignorantes".

Más allá de optimismos excesivos, que son una forma de irresponsabilidad, entendemos que, como todo acto humano, la lectura y la escritura están permeadas por nuestra personalidad, por nuestros propios temores y resentimientos, y por nuestros sueños y desdichas. No hay que ser condescendientes con esto, ni hipócritas: somos lo que somos incluso si leemos. Lo importante sería, en todo caso, que la lectura fuese un bálsamo para curar nuestro espíritu y, en efecto, ayudarnos a ser mejores.

Pero la sola lectura no puede. Si pudiera, bastaría con leer *La cartuja de Parma*, *Rojo y negro*, *Eugenia Grandet* o *La piel de zapa* para ser clínicamente mejores.

Ingenuidades y mentiras de la cultura libresca

La nobleza implícita del libro y la lectura lleva, con frecuencia, a ciertas credulidades bastante ingenuas. Es innegable que la cultura escrita tiene un poder redentor que ha mostrado sus beneficios a lo largo de la historia, pero también es cierto que hay una enorme candidez en suponer que la cultura escrita, con su potencia liberadora, es una vacuna infalible contra el mal. La historia ha mostrado que las creencias ciegamente optimistas son desmentidas por la poderosa realidad.

Hoy abundan los lectores, escritores, promotores y lecturólogos autocomplacientes que, contra todas las evidencias, divulgan la especie de que la lectura de un libro en especial puede inmunizar a sus lectores contra el virus de la maldad. Por ejemplo: "Si tal criminal hubiese leído el libro Equis no se hubiera convertido en un matón". Éste es un mito noble que ya se ha hecho cliché y que habita especialmente en el optimismo de los lectores que se consideran modélicos no sólo desde un punto de vista intelectual y cultural, sino, sobre todo, desde un punto de vista moral.

Mitos nobles como éste pueden conducir fácilmente a la demagogia, producto sin duda de la autocomplacencia. Por ello no hay nada como el análisis racional y el conocimiento de la historia para conseguir separar el deseo de la realidad. ¿De veras somos el resultado de haber leído o no el libro oportuno con el mensaje adecuado?

Los libros, como todas las obras humanas, tienen el poder redentor o no, según el uso que se les dé. La cultura escrita puede servir lo mismo para la emancipación intelectual y ética que para propagar el odio, la violencia y el racismo. Como objetos de cultura, que usan el mismo medio, no hay diferencia alguna entre el *Diario* de Ana Frank y *Mi lucha* de Hitler. Pero la diferencia es abismal en los propósitos de cada uno de los autores y en el uso que les puedan dar los lectores. El de Ana Frank es un libro inspirador de emociones positivas; el de Hitler es un libro instigador de barbarie y crimen.

Lo que se ha venido llamando el "problema de la lectura" no es en realidad un simple problema de lectura, sino esencialmente un problema de educación humanística y de sentido ético del conocimiento. La escuela, en sus diferentes niveles (incluida la universidad), ha relegado cuando no abandonado el principio ético y ha privilegiado el uso de la cultura escrita como un simple perfeccionamiento técnico.

Es falso, en muchos sentidos, que baste leer cierto libro para curarnos de la maldad. Suele olvidarse que los nazis eran lectores y que muchos de ellos eran fruto de la alta escolarización y de una cultura privilegiada que tenía por principio el refinamiento aristocratizante.

Quienes afirman que los libros, en general, o que ciertos libros, en particular, inmunizan contra el mal, no toman en cuenta las lecciones de la realidad y de la historia. Paradójicamente a estos lectores tan optimistas y tan ingenuos les hace falta leer algo más que sus propias convicciones, porque, ante ellos, George Steiner seguirá clamando en el desierto cuando afirma:

> Esta crisis de la esperanza racional, humana, es la que ha moldeado mi vida y la que más me afecta. Sus tinieblas no brotaron del desierto de Gobi o de las selvas húmedas del Amazonas. Surgieron del interior, del meollo de la civilización europea. Los gritos de los asesinados podían escucharse en las universidades; el sadismo estaba una calle más allá de los teatros y de los museos. A fines del siglo XVIII Voltaire columbraba confiado el fin de la tortura; el fantasma de la matanza ideológica no tardaría en exorcizarse. [...] La mansión del humanismo clásico y el sueño de la razón que animaba a la sociedad occidental se han derrumbado casi en su totalidad. [...] No me parece realista pensar en la literatura, en la educación, en el lenguaje, como si no hubiera sucedido nada de mayor importancia para poner en tela de juicio el concepto mismo de tales actividades. Leer a Esquilo o a Shakespeare —menos aún "enseñarlos"— como si los textos, como si la autoridad de los textos en nuestra propia vida hubiera permanecido inmune a la historia reciente es una forma sutil pero corrosiva de ignorancia.

En efecto, esta forma sutil pero corrosiva de ignorancia (que se da especialmente en el ámbito culto) se revela, brutal, en las personas que suponen que basta con leer un libro para vacunarse contra el mal, desentendiéndose de la realidad y de la historia.

Los mitos nobles sobre los poderes redentores de la cultura escrita parten esencialmente de una sobrevaloración acrítica del objeto libro y de la autoindulgencia de los intelectuales en relación con este objeto que han ubicado en un altar en la categoría de tótem, sin entender que no es el libro en sí lo que libera o condena sino lo que cada quien hace con ese objeto que está muy lejos de ser neutro.

Esto lo entiende perfectamente André Comte-Sponville, quien desde la primera línea de su libro *Pequeño tratado de las grandes virtudes* avisa lo siguiente: "Pienso que la virtud enseña más por el ejemplo que por los libros". Y, líneas adelante, agrega esta pregunta que tendrían que responder, sobre todo, quienes le han erigido al libro ese altar que no beneficia la comprensión del asunto: "¿Cómo podría un libro hacer las veces de la vida?". Para Comte-Sponville, la respuesta es muy clara: "La reflexión sobre las virtudes no nos torna virtuosos".

De esta misma manera, la lectura (e incluso la escritura) de libros excelentes, no necesariamente nos torna excelentes. Los optimistas ingenuos suelen ocultar que la lectura de ciertos libros (por ejemplo *El guardián entre el centeno*, de Salinger, y ya no se digan los fundamentos religiosos como el Corán y la Biblia) ha inspirado a más de un criminal, célebre o no.

Por supuesto, esto no es culpa del libro, sino del lector y del propósito con el que lee, pero también es verdad que, en la palpitante cuestión del libro y la lectura, a partir de la cultura moderna occidental, hemos venido privilegiando los valores de la estética (y a veces incluso de una *estética grotesca* de charlatanes que se hacen pasar por artistas) como supuestos reactivos químicos de transformación ética. Y esta creencia carece de todo sustento racional.

Leer *Mi lucha*, de Hitler, puede servir para aborrecer sus ideas o para adoptarlas, lo mismo que leer *La conquista de la felicidad*, de Bertrand Russell. No hay libros que, por sí mismos, tengan la llave para abrir las puertas del bien a los lectores, ni los hay que cierren el pestillo de las puertas de la maldad. Es la educación humanista y el desarrollo de la ética, entre otras cosas, lo que hace que leamos el libro que sea (cualquier libro) con un espíritu abierto y una inteligencia alerta.

Por ello, leer *Mi lucha* puede ayudarnos a comprender las sinrazones del mal, en tanto que leer *La conquista de la felicidad* no necesariamente nos llevará a respetar al prójimo para alcanzar cada quien la alegría de vivir. No son los libros en sí los que nos cambian, sino la forma en que integramos esos libros a nuestra existencia.

Todos sabemos que Hitler hacía hogueras con libros, pero también sabemos —o deberíamos saberlo— que era devoto lector de ciertos libros. De hecho, en las páginas de *Mi lucha*, pontifica sobre el arte de leer. Escribe:

> Conozco a personas que "leen" muchísimo, libro tras libro y línea a línea, y a las que, sin embargo, no calificaría de "buenos lectores". Es cierto que estas personas poseen una gran cantidad de "conocimientos", pero su cerebro no sabe organizar y registrar el material adquirido. Les falta el

> arte de separar, en un libro, lo que es de valor para ellos y lo que es inútil, de conservar para siempre en la memoria lo que interesa de verdad y desechar lo que no les reporta ventaja alguna.

Si alguien desconociera que esta reflexión fue hecha por Hitler y le dijéramos, para ponerlo a prueba, que es obra de Thomas Mann o de Hermann Hesse y lo creyera, no habría razón alguna para reprochárselo, pues se trata de un razonamiento sin duda "edificante" sobre el arte de la lectura y el oficio de leer.

En *Los libros del Gran Dictador: Las lecturas que moldearon la vida y la ideología de Adolf Hitler*, Timothy W. Ryback hace un minucioso recuento de lo que leía y lo que atesoraba en su biblioteca el hombre que no sólo quemaba libros sino también personas. A veces resulta insulso que mucha gente culta se indigne tanto por las hogueras librescas de Hitler. Que quemara libros es lo de menos si pensamos en todos los seres humanos a los que mandó asesinar y quemar.

La idea de que quienes queman libros son esencialmente los que no los leen es por principio equivocada, y esta idea que ha sido magnificada por el mundo cultural moderno y contemporáneo es lo que lleva al equívoco de creer que el mayor valor de la humanidad está en las ideas, que se alojan en los libros, y no en las personas, que escriben y leen los libros, dotándolos de ideas y de sentimientos.

Muchos de los libros de la biblioteca de Hitler estaban incluso encuadernados en piel y tenían sus iniciales (A. H.) impresas en el lomo. Es el caso de las *Obras completas* de Shakespeare en diez volúmenes. Ryback documenta que "los libros solían ser el regalo preferido para Adolf Hitler", y en la iconografía de su investigación incluye al menos una foto en la que al líder nazi se le ve feliz al recibir, en su cumpleaños número 50, algunos libros de parte de sus colaboradores que, en general, también leían y atesoraban libros.

Hitler leía con devoción las novelas de aventuras de Karl May (*Los ladrones del desierto*, *En las tierras del Profeta*, *La venganza de Winnetou*, etcétera), pero también el *Quijote*, de Cervantes; *Robinson Crusoe*, de Daniel Defoe; *Los viajes de Gulliver*, de Jonathan Swift, y *La cabaña del tío Tom*, de Harriet Beecher Stowe. Leyó también a Balzac (*La piel de zapa*), Ernst Jünger (*Fuego y sangre*, con dedicatoria de su autor), Dante (*La divina comedia*), Spinoza (*Ética*), Darwin (*El origen de las especies*) y, por supuesto, muchos libros de temas biográficos, históricos, políticos y, sobre todo, bélicos y antisemitas.

Su biblioteca particular llegó a tener, en conjunto, más de 15 000 volúmenes que en un 50% versaban sobre la guerra, pero en la otra mitad había filosofía, literatura, religión, historia, viajes, biografías, teatro, pintura, arquitectura, etcétera. Entre los autores, además de los ya mencionados, figuran Goethe, Ibsen, Tagore, Gandhi, Romain Rolland, Fichte y Baltasar Gracián.

La investigación de Timothy W. Ryback desmiente la creencia general de que Hitler odiaba los libros, pero al mismo tiempo prueba que no son los libros, por sí mismos, los que transforman para bien al ser humano, sino la utilización que les demos para ese fin. Como casi nadie se atreve a poner en duda la nobleza de los libros, es fácil hacer demagogia en relación con el poder redentor de los mismos, sin considerar que los libros funcionan únicamente gracias a nuestra energía; por tanto, somos nosotros quienes los dotamos de vida y les damos el uso que cada quien elige.

En definitiva, no son los libros los que transforman al mundo; son las personas, quienes lo hacen para bien o para mal, sean lectoras o no, sean escritoras o no. Cuando se cree que, prioritariamente, la educación es *habilidad y destreza*, y la cultura, *conocimiento y erudición*, el saber, la inteligencia y la sensibilidad se banalizan. A mucha gente se le suele olvidar que ni Sócrates ni Jesucristo escribieron libro alguno, y en el caso de este último "no consta que tuviera biblioteca", como dijera maravillosamente Fernando Pessoa.

¿Por qué no admitir, con seriedad, sin demagogia, lo que Steiner aceptó sin autocomplacencia intelectual?:

> Diez años después de que la Gestapo hubiera salido de París, los compatriotas de Voltaire estaban torturando argelinos, o torturándose entre sí, en algunos de los mismos calabozos policiales. [...] Las ideas de adelanto cultural, de racionalidad inherente mantenidas desde la antigua Grecia y todavía válidas en el historicismo utópico de Marx y en el autoritarismo estoico de Freud (ambos acólitos tardíos de la civilización grecorromana) no pueden ya sostenerse con mucha confianza. Las miras del hombre tecnológico, en cuanto ser sensible a las manipulaciones del odio político y la embriaguez sádica, se han prolongado considerablemente hacia la destrucción.

Si queremos dotar de un sentido redentor a la cultura escrita y, especialmente, a la literatura y a la filosofía, tenemos que conseguir el retorno de la confianza hacia esos instrumentos regeneradores, reparadores, que son el libro y la lectura.

Pero tenemos que dejar de decir mentiras, que no otra cosa son los mitos nobles de la cultura que omiten la crítica y la autocrítica en aras de un optimismo desmedido, demagógico, que atribuye al objeto (el libro) lo que sólo puede construir el sujeto (el ser humano).

Hitler y Goebbels demostraron que la cultura y la alta escolarización, que los libros y la lectura, que el arte y el refinamiento del público, no son en absoluto barreras infranqueables contra el mal, por mucho que enaltezcamos el conocimiento, la información y el saber.

Goebbels, el colaborador más tenaz de Hitler, será recordado en la historia por su sadismo, su narcisismo y por su inclinación al mal, pero a veces la historia culta y académica (sonrojada quizá) oculta un elemento esencial en la biografía de este personaje detestable, y ese elemento que se omite es el que nos permitiría dejarnos de ilusiones insensatas, situándonos en la verdad liberadora. Helo aquí:

> Paul Joseph Goebbels, político alemán, ministro de propaganda de la Alemania nacionalsocialista, figura clave en el régimen y amigo íntimo de Adolf Hitler, destacó por sus notas en el colegio y fue el mejor de su promoción al aprobar el bachillerato en 1917. Estudió en ocho universidades favorecido por algunas becas: Bonn, Friburgo, Wurzburgo, Colonia, Fráncfort, Munich, Berlín y Heidelberg, graduándose en esta última en 1921. Estudió Filosofía, Literatura, Historia, Arte y Lenguas Clásicas. Obtuvo el doctorado en la Universidad de Heidelberg con una tesis sobre Wilhelm von Schütz, siendo su director de tesis Freiherr von Waldberg.

La desolación con la que Steiner se refiere al negro tramo de la historia que constituye el nazismo no tiene que ver únicamente con las atrocidades que unos seres humanos cometieron contra otros, sino sobre todo al hecho de que la cultura, la noble cultura, no haya servido para impedir la barbarie.

Ni la más alta escolarización ni el más refinado conocimiento cultural son suficientes. Hay que abandonar esa mitología noble de la cultura aristocrática, con cuyo manto nos envolvemos cuando somos indulgentes con nosotros mismos.

No es cierto que la escolarización por sí misma nos salve del mal; es falso que los libros, por sí mismos, nos vacunen contra la maldad. Estos falsos principios son los que ha venido sosteniendo una cultura moderna y contemporánea que, por lo visto, no aprendió nada de la historia.

Cuando nos queremos sentir complacidos con lo que somos, afirmamos que basta leer un buen libro (que, por cierto, nosotros ya leímos, y es nuestro preferido) para que nuestro mundo se dirija al centro de la luz. Es una forma ingenua, cuando no mentirosa, de ver la realidad. Privilegiados como somos, sólo se nos ocurre pensar que los demás también son privilegiados. Cándidos como somos, queremos convencernos (y convencer a los demás) de que basta un gesto (leer) y un objeto (el libro) para evitar el abismo del mal.

Hemos sido incapaces de aceptar que hace falta mucho más que esto. Hacen falta una ética de la cultura, una ética de la educación, una ética de la lectura y una ética del comportamiento humano. Ver un más allá en el hecho de leer libros o en el hecho de estudiarlos; ver un más allá en el arte, la educación y la cultura: el *para qué* de cada uno de estos oficios y ejercicios que a veces pueden ser, únicamente, exquisitas trivialidades.

Podemos leer miles de libros (y entre esos miles, agotar incluso los mejores), podemos escalar los más altos grados académicos, sólo para seguir siendo ingenuos, cuando perdemos de vista la realidad, y decir que basta leer un solo libro para no cometer atrocidades. No, el libro no es una vacuna, como tampoco lo es la escolarización. Nada nos inmuniza contra el mal, a no ser la verdad y, quizá, la vergüenza.

Realidad y lectura

Aunque existe la práctica de la lectura en grupo, generalmente en voz alta, la lectura es un ejercicio individual e íntimo las más de las veces. Y, sin embargo, es evidente que la denominada promoción de la lectura sólo puede entenderse dentro de un contexto social amplio.

No hay lector, por individualista que sea, por sectario que parezca, que no participe socialmente en la adquisición y la comunicación de lo leído, incluso si ha llegado a la lectura sin guía o sin mediador.

Un lector autista es lo menos parecido a un lector, porque la lectura nos hace participar de una historia, de una tradición, de una forma de ver el mundo e incluso de ciertos rituales adquiridos, heredados, que no solemos cuestionar o poner en duda.

Esto se debe a que el lector, cualquiera que sea su práctica de apropiación cultural, forma parte de una comunidad dialógica: su primer diálogo es justamente el que establece con el libro que lee, en el entendido de que un libro tiene detrás suyo a un autor que propone una conversación.

El mayor error que hemos cometido en el asunto de la lectura es perder de vista la importancia fundamental de los ámbitos reales en los que queremos que surjan o se desarrollen los lectores.

Creemos, por extrañísimos motivos difíciles de desterrar, que la lectura está desasida, literalmente desprendida, de cualquier estructura social. Creemos, de veras, que la lectura se da en las nubes, en el limbo. Y es por ello que, también, en las nubes o en el limbo suelen hacerse los programas y las campañas de lectura que no llevan a ninguna parte.

Por principio, son muchos los entusiastas que pierden de vista la realidad cuando se dejan seducir por los tópicos, por las ideas recibidas a propósito de una supuesta transmisión de la lectura que únicamente requiere de propaganda, de eslóganes ingeniosos, de invitaciones mediáticas.

Hay un fetichismo en la idea de que la pasión por la lectura se transmite por buenas opiniones, generalmente moralistas ("ideas beatas sobre el libro", diría Gabriel Zaid), o bien por imposiciones bienintencionadas que plantean beneficios prácticos mensurables: mayor vocabulario, más velocidad y mayor número de palabras leídas por minuto, más habilidad de comprensión, más sociabilidad, etcétera.

Es necesario liberar a la cultura escrita de las nociones fetichistas ennoblecidas de confianza ciega en el discurso antes que en la experiencia. Así como la corrupción no se combate con mensajes edificantes, de esta misma manera el gusto por la lectura no se puede transmitir a través de anuncios o de *spots* publicitarios. Por otra parte, podemos adquirir muchas habilidades con la lectura, pero no leemos exactamente por la promesa de esa adquisición, sino porque sentimos la lectura como una necesidad parecida a la sed.

La lectura forma parte de la realidad, y no está en ningún cielo angélico, fuera de las alegrías y los inconvenientes de la vida. Tenemos que dejar de mentirles a las personas para que sepan que la lectura es una más de las muchas formas por medio de las cuales pueden acceder al saber, al conocimiento, al placer, al gusto de estar en este mundo. Decirles, claramente, que la lectura no es "mejor" que la música, la pintura, la danza, etcétera, sino algo diferente que nos puede llevar al mismo destino: la alegría, el gozo, la felicidad. Incluso, en el caso del conocimiento, el gozo, la alegría, la felicidad de saber.

Y todo esto vincularlo a una verdad que también es necesario enfatizar: que ningún libro, incluso el mejor, el más elevado entre todos, puede ser superior a la vida. Nadie que ame la vida, aunque ame mucho los libros, puede creer en la supremacía de los objetos sobre las personas, por muy humildes que éstas sean. Un libro es portador de pensamientos, emociones, historia, rebeldías, prejuicios, necedades también, etcétera, pero lo más importante es el lector, porque es quien le da vida realmente al libro.

Pongámoslo así: sin la atrocidad del nazismo, el *Diario* de Ana Frank no existiría. Pero no hay nada que agradecerle al nazismo, sino todo lo contrario. No se trata de elegir entre cosas que jamás se dieron a la elección y que ya son parte de la historia y de la realidad consumada, pero un lector ético es obvio que mil veces preferiría que ese libro jamás se hubiera escrito a cambio de que la pequeña y hermosa Ana jamás hubiera padecido la atrocidad nazi. También los lectores, y la lectura, requieren de una ética.

¿O acaso habrá que agradecerle al nazismo el que tengamos, para nuestra cultura, el *Diario* de Ana Frank? Lo que vale de ese libro es precisamente la amarga lección que nos deja sobre el comportamiento humano. El libro vale por Ana Frank, y por el sufrimiento y la lección de vida y optimismo que nos da su autora, no por ser un libro, del mismo modo que *Mi lucha* (otro libro, otro objeto) es execrable no por ser un libro, sino por las atrocidades que su autor, Adolf Hitler, difunde y defiende en sus páginas; atrocidades que, entre otras monstruosas consecuencias, son culpables de la muerte de Ana Frank.

En el tema de la lectura es indispensable no perder de vista jamás la realidad. La lectura no debe ser una droga para desentendernos del mundo, sino al contrario. No faltan por ejemplo los engullidores de novelas que, a veces, son como los fumadores de opio. Viven en la ficción; se alimentan de sueños, y acaban confundiendo invención con realidad, a grado tal que les dejan de interesar las consecuencias reales. Lo único que les interesa es el universo de los sueños, e incluso son capaces de decir que la literatura es mejor que la vida. Allá ellos, pero como bien dijo Montaigne, si la educación y la lectura no consiguen un juicio más sano, más valdría que la gente "se hubiese pasado el tiempo jugando a la pelota".

2. La lectura como valor escolarizado

La verdadera grandeza es como el infinito, no podemos medirla. En general, los intentos de valorar obras de arte deterioran incluso nuestra capacidad de experimentarlas. Gran parte de la erudición literaria se emplea en destruir la vital distinción entre lo ordinario y lo extraordinario, con la clase de bárbara incomprensión que describiría la mirada de una mujer diciendo que tenía una visión normal. Esta pedestre seriedad, en la que Stendhal fue el primero en reconocer la malignidad de la cultura moderna, domina la enseñanza hasta el día de hoy, con el resultado de que sólo los lectores de sensibilidad indestructible pueden sobrevivir a la educación sobre literatura. La educación literaria es el principal instrumento para alejar a los jóvenes de la buena escritura y en particular de los clásicos. Las pedantes disertaciones sobre la brillante descripción por parte de este o aquel novelista de una época pasada que apenas interesa a nadie difunden el error de que los grandes escritores del pasado escribieron acerca de cosas muertas y enterradas.

STEPHEN VIZINCZEY

Las motivaciones de la lectura

"¿De qué sirve a un hombre dominar todas las habilidades de la lectura y no conocer el goce de un buen libro?". Esta pregunta, de agudeza aforística, no la formuló ni un escritor famoso ni un filósofo universal. Es la lúcida y atinada sentencia de Warren G. Cutts, un experto en los temas del libro, la lectura, el aprendizaje y los problemas de lenguaje, autor de *La enseñanza moderna de la lectura*, publicado originalmente en 1964.

Para quienes creen que la modernidad se inventó hoy, ese magnífico libro demolerá su ingenuidad. Que más de medio siglo después de escrita una obra nos siga diciendo lo fundamental sobre el amplio tema de la lectura y el libro y que, en todo este largo tiempo, muy pocos le hayan hecho caso y sigan buscando "nuevas explicaciones" sobre el "hábito de leer", no puede entenderse sino como el resultado del dogma que concede, todos los días, una reverencia sagrada a la "novedad" y un descrédito ciego a los "libros viejos".

Respecto de la adquisición del denominado "hábito de la lectura", la vigencia de las observaciones y recomendaciones de Cutts hacen de su libro algo mucho más actual que toda esa gran cantidad de preceptos técnico-burocráticos y teorías tecnocrático-pedagógicas sobre el tema, que no alcanzan a ser sino largas y tediosas tiradas en el vacío.

En el capítulo "Motivación, intereses y hábitos duraderos", el autor advierte:

> Resultaría difícil acentuar con exageración la importancia de la motivación a la lectura, la cual conduce al logro del interés y a la apreciación de valores personales y objetivos obtenibles de ella. La motivación lleva al desarrollo de hábitos de lectura duraderos, uno de los fines principales de la buena enseñanza. El secreto de la motivación es el interés. Siempre que un maestro descubra el verdadero interés

> de un niño, tendrá en sus manos la clave de la motivación. ¿Puede obtenerse tal información mediante un inventario de intereses u otros medios similares? Solamente en parte, y hasta un grado muy superficial. Estos medios proveen poco más que un punto de partida; el interés real surge sólo cuando se conversa con el niño, se lo observa y se le brinda oportunidad de expresarse libremente.

He aquí, condensado de manera brillante, el principio por el cual la escuela básica podría contribuir a la generación de lectores. Este concepto, la oportunidad de expresarse libremente, coincide con la libertad de elección que aconseja Daniel Pennac en *Como una novela*: que los niños y los jóvenes lean lo que desean leer, lo que les apetezca, si es que realmente les apetece, pues los derechos del lector tienen su cimiento en la libertad y el gusto. Por lo demás, los hábitos duraderos de lectura sólo pueden nacer y desarrollarse en el amor verdadero por el libro y por el acto de leer.

Todo esto lo supo y lo dijo Warren G. Cutts, quien explicó lo esencial:

> ¿Cómo se adquiere este amor por la lectura? Enseñar las técnicas de análisis de la palabra —incluso las diversas capacidades de comprensión— tiene escaso valor si el niño no experimenta el deseo de leer. Podría decirse aun que éste, ya sea por placer o por obtener información, puede conducir al dominio de la habilidad necesaria. De todas las facetas del desarrollo de la lectura de las cuales es responsable el maestro, entonces, ninguna es tan importante como ayudar a los niños a ampliar y profundizar sus intereses en la lectura, es decir, adquirir un genuino amor por

> la lectura. Esta declaración no intenta disminuir el valor de otros aspectos de la enseñanza, sino, más bien, subrayar la importancia de la motivación y el interés.

Inmediatamente después de esta declaración pertinente, Cutts hace hincapié en el hecho principal de la lectura y la escuela, y formula lo que no han querido comprender muchos de los teóricos y operadores de los programas de lectura desde el sistema escolar. He aquí esta verdad meridiana:

> Los maestros no pueden estimular el interés en la lectura simplemente diciendo a sus alumnos lo divertida, importante o necesaria que es, ni ofreciéndoles libros que alguien juzgó muy entretenidos. Los maestros deben descubrirlo por sí mismos y, como cualquier buen vendedor, cada uno de ellos debe saber lo que trata de vender y por qué lo hace. La historia o el poema deben agradarles genuinamente: si no, deberán buscar otra cosa.

Cutts, quien dedicó su vida a la investigación de la enseñanza de la lectura, sugería a los educadores en 1964 romper con los moldes pedagógicos si verdaderamente querían estimular el gusto de leer en sus alumnos. Como tendrían que reconocerlo autoridades, pedagogos, profesores e investigadores, éste no es un consejo anticuado, sino bastante actual y sin duda dinámico, entre otros muchos que contiene su espléndido libro *La enseñanza moderna de la lectura*:

> No se puede suponer que todos los alumnos de cuarto grado disfrutarán de un libro determinado sólo porque figura en una lista de *Favoritos* para alumnos de cuarto grado.

> Los maestros deben leer los libros antes de recomendarlos, y aun leer los que les gustan a sus alumnos, para estar en condiciones de descubrir por sí mismos por qué tal o cual historia tiene tanto encanto para los niños.

En este sentido, Cutts creía, con entera razón, que el tiempo empleado en la exploración de los intereses infantiles y juveniles de lectura no era un tiempo desperdiciado. Creía también que las encuestas sobre intereses de lectura tenían solamente un valor limitado frente a las situaciones específicas. Lo importante no es la generalización, sino la oportunidad de ejercer cada quien sus libertades, sus gustos y sus apetitos, sin ningún principio de coerción. Parece mentira que esto, dicho hace tanto tiempo y verificado repetidamente, no se haya comprendido todavía en su exacta dimensión. Advierte Cutts:

> No deberían emplearse fórmulas fijas ni exigirse listas de lectura en la escuela elemental. Hay actualmente tantos libros adecuados para niños, que los alumnos de la escuela primaria no podrían siquiera comenzar a leerlos todos. *Se puede afirmar con seguridad que no existe un solo libro que todos los niños debieran leer* [las cursivas son mías]. Evidentemente, es mucho más difícil cultivar gustos y hábitos deseables en la lectura que lograr simplemente que un niño lea. Por otra parte, los maestros no pueden comenzar desde los primeros pasos con la insistencia en el gusto y en los hábitos; con la lectura ocurre lo mismo que con la comida: el hambre debe preceder al gusto. Si se concede suficiente libertad a los niños, y si se les brindan buenos materiales de lectura, de modo que puedan ejercitar su propio juicio,

> seguramente elegirán lo bueno con preferencia a lo no tan bueno, y el libro bien escrito con preferencia al que no lo está.

Para este autor, las motivaciones de la lectura se parecen mucho al antiguo adagio de llevar a un caballo hacia el agua. Y así es: nada estimula tanto la sed como tener el agua al alcance. Observó que los lectores poco avezados tienen preferencia por los libros populares, pero cuando consiguen sentir el placer que se obtiene de un libro que realmente pueden leer, se sienten también capacitados para tomar otro que antes consideraban inalcanzable.

Esto último lo comprobó cuando entre 1953 y 1954, en Carolina del Norte, llevó a cabo un laboratorio de lectura con alumnos de quinto grado. Durante un período de veinte minutos diarios, los alumnos tenían permiso para leer lo que quisieran, incluso cómics. Los libros y revistas de múltiples preferencias se fueron acumulando e intercambiando en el salón de clases según les placía a los alumnos; al principio, las historietas fluían sin cesar y eran las favoritas, pero "tan pronto empezaron a saciarse los apetitos por las historietas, el grupo comenzó a dedicar menos tiempo al Ratón Mickey, a Superman y Tarzán" y a concentrarse más en los amenos libros de aventuras, que para la mayoría significaron un descubrimiento iluminador.

Por otro lado, añade Cutts, nada estimula tanto el interés por los libros como la lectura en voz alta, lo mismo del maestro que de los alumnos, y "llegar a un episodio de suspenso y dejar a la clase pendiente en ese punto".

¿Anticuado, el doctor Cutts? No: anticuados y obsoletos los métodos que insisten en imponer el presunto placer, en obligar al "goce". Sólo bajo un principio sádico puede suponerse que el placer de leer (y cualquier otro) se estimula con la imposición.

Cutts no oculta su orgullo cuando revela los resultados de este útil experimento: los niños que comenzaron con historietas pronto empezaron a responder a otros estímulos y, finalmente, "a ser influidos por los libros que disfrutaban sus compañeros y el maestro".

Los frutos prohibidos son a menudo los más dulces. Lo supo Ovidio, quien nos recuerda que el ser humano tiende con fuerza a lo prohibido y desea lo que se le niega. "Lo prohibido —declaraba— excita mi deseo". Esto es, exactamente, lo que dirá muchos siglos después Montaigne: "La prohibición sazona los manjares. Prohibir algo es despertar el deseo". La clave del éxito de *los placeres prohibidos* reside, precisamente, en su prohibición. Muchos de los libros que la Iglesia incluyó en su *Index* con la etiqueta de prohibidos se hicieron famosos y más apetecibles por esta condición. Muchos de ellos, incluso, gozaron de más lectores de los que realmente merecían.

En el volumen *Memoria y olvido*, Juan José Arreola le cuenta a Fernando del Paso que los libros denominados inconvenientes contribuyeron a su despertar erótico. Eran, por supuesto, libros prohibidos que Arreola leía a los 12 años de edad en Zapotlán, de manera, dice él, solitaria, afanosa y terrible. "Como nos veíamos obligados a confesarnos cada primer viernes de mes, yo llegaba al confesionario, después de esas lecturas, con una enorme carga de pecados, y el cura me ponía una regañiza. Eran, sin duda, libros turbadores, perturbadores, malévolos. No satisfacen la curiosidad, sino que atizan la hoguera".

Pensando en los efectos contrarios que producen las prohibiciones y las legitimaciones, otro escritor mexicano, Jorge Ibargüengoitia, dijo alguna vez, con su característico sentido del humor: "Yo creo que si de lo que se trata es de fomentar la lectura, es mucho más efectivo que los maestros prohíban la lectura de libros buenos y los hagan circular subrepticiamente, para que los alumnos los lean debajo de las papeleras durante la clase de matemáticas". Aunque, previsiblemente, los maestros de matemáticas tendrían que discrepar de esta recomendación, debemos reconocer que la idea no es de ningún modo descabellada.

De hecho, tal como demostró Warren G. Cutts, un factor determinante en el éxito de la lectura en el salón de clases es conceder a los alumnos la libertad absoluta para leer lo que les venga en gana. Como, en efecto, los frutos prohibidos suelen ser los más dulces, cuenta Cutts que las historietas, estigmatizadas por el sistema escolar, se convirtieron de inmediato, ya con autorización, en las favoritas del salón de clases, como vimos. Todos querían leer historietas. Pero esto no duró mucho tiempo: por el hecho mismo de ser admitidas libremente en clase y haber perdido su carácter clandestino, las historietas, ya sin esa marca de desautorización, pronto acabaron por hartar a la mayoría (exactamente como ha sucedido con la pornografía impresa en los países que, como Dinamarca, fueron pioneros en su producción legitimada: se hizo tan natural y tan ubicua, que acabó por hacerse muy poco interesante). De todo ello puede concluirse que subrayar demasiado las virtudes y los vicios de algo puede conducir más fácilmente a la reacción no deseada.

Lo contrario de la libertad, es decir, la prohibición, genera mayor interés. Y tratándose de libros y de lecturas, los que más se recomiendan y se "incentivan" son los que menos interesan y de los que más se desconfía ("¿por qué tanta insistencia en que yo los lea?"); son, en suma, los más amenazadores de nuestra libertad de elegir.

Como ilustrativo y aleccionador colofón, hay una anécdota referida por Cutts que dice mucho más que las más pretenciosas teorías acerca de la adquisición del "hábito de la lectura":

> Un director de una pequeña escuela secundaria se atribuyó la obligación de leer y censurar personalmente toda revista que entrara en la biblioteca escolar. Antes de entregar cualquier revista al bibliotecario, la hojeaba, tijera en mano. Luego de recortar todas las figuras, avisos publicitarios y cuentos que lo impresionaran de algún modo como lascivos o sugestivos, entregaba el volumen a la biblioteca. Sus alumnos descubrieron enseguida que podían confiar en su juicio. Tan pronto como la nueva revista llegaba a los estantes, la arrebataban y hojeaban para ver si faltaba alguna página o sección. Si era así, se apresuraban a concurrir al comercio más próximo durante la hora del almuerzo, para comprar su propio ejemplar.

Los dogmas de la lectura

Existen dos usos del libro y la lectura, los dos por igual desdichados, que nada tienen que ver con la humildad de la cultura:

Uno, el que ejercitan los que devoran exquisiteces clásicas, obras maravillosas y extraordinarias, manjares del espíritu y el conocimiento, pero a quienes es imposible notarles, en su grosera vida cotidiana, que los hayan consumido jamás.

Dos, el de quienes leen todo cuanto se les atraviesa en el camino y hacen acto de fe de *vivir para leer*, y que, alejados del mundo, ajenos a todo cuanto no sea el libro y la lectura, ostentan su vana erudición y se sienten orgullosos de ella, pero son incapaces de aplicar a la existencia nada de lo que leen porque están más ocupados en leer que en vivir y porque, en su magnífica pedantería, no saben, según ellos, cómo podrían hacer algo que no sea, a un tiempo, "elevado" y "profundo". Y es claro que adoran la sabiduría, veneran la cultura.

En estos dos géneros hay personas tan insoportables, tan insufribles, tan desdichadamente grotescas y groseras, que es justo dudar de que los beneficios del libro y la lectura se produzcan tan solo con el más firme hábito. El libro y la lectura por sí mismos no sirven para nada. La vida está en otra parte (incluso en los libros), pero muchos no se dan cuenta de ello, empeñados en atribuir a las formas vacías un carácter esencial que, desde luego, no poseen.

Los libros por sí mismos —y el acto de leer en sí— no mejoran a nadie que desde un principio se suponga superior a todos los que no han leído los libros que él lee, o a todos los que no han leído libros o a todos los que no han leído.

Entre el tipo más pastoso, denso y apelmazado de tanta erudición estéril, envuelto en su petulante soberbia, y el individuo descortés, grosero, ramplón, agresivo y zumbón, que lleva el indispensable libro en el sobaco pero no parece haber leído nada en su vida, no hay mucha diferencia de baja calidad humana. Y esto prueba que cualquier cosa, cuando se hace un dogma, más que liberar, enferma.

Las creaciones humanas, y entre ellas el libro, sólo adquieren sentido cuando entregan servicio de bienestar y mejoría a la gente. Lo dice maravillosamente E. F. Schumacher en *Lo pequeño es hermoso* (lúcido análisis sobre la modernidad que sigue teniendo plena vigencia): "Más educación puede ayudarnos sólo si produce más sabiduría".

Parafraseando a Schumacher, tendríamos que anotar que la lectura puede ayudarnos sólo si despierta en nosotros un espíritu más generoso y una idea mejor de la realidad en nuestra convivencia con los demás. Si somos incapaces de convivir humildemente con los otros, ¿de qué nos sirven no las decenas ni los cientos sino los miles de lecturas dogmáticas que, supuestamente por acumulación, nos harían mejores?

Un libro es en realidad un espejo. Esto lo supo y lo advirtió el gran Lichtenberg. Quiso decir con ello que lo que se refleja en sus páginas es lo que somos, lo que pensamos, lo que apreciamos y aborrecemos. Toda lectura se da incluso desde nuestros propios prejuicios. Lo que leemos es lo que interpretamos desde nuestra propia visión del mundo. Por eso decía con sorna: *si un mono se asoma a un libro, no puede ver reflejado a un apóstol.* Schumacher afirma lo mismo de otro modo: "La manera en que experimentamos e interpretamos el mundo depende mucho de la clase de ideas que llenan nuestras mentes".

En otras palabras, la cultura (y la lectura) no es poderosa por sí misma, y de nada sirve acumularla si no nos revela una forma inteligible de nuestras vidas ni aporta a nuestros actos un auténtico interés vital. La cultura como dogma también puede regalarnos el más "excitante" vacío para la industria del consumo. Aunque una obra de Shakespeare esté llena de grandes ideas y de profundas emociones, Hollywood la puede transformar en exquisita basura y hacer creer a todo el mundo que esa sustancia viscosa es la *esencia* de Shakespeare.

Nada tiene significado si todo se da por hecho. Dice Schumacher: "La tarea de toda educación es comprender el mundo presente, el mundo en el cual vivimos". Leer solamente adquiere sentido liberador cuando en realidad nos enseña a darnos cuenta de que en la cultura moderna hay una línea muy tenue, apenas perceptible, entre Shakespeare y la basura, y que con mucha frecuencia a la basura se la denomina la *esencia* de Shakespeare.

El placer desinteresado

En su magnífico libro *El hombre que se volvió loco leyendo "El Quijote"*, el escritor y profesor español Salvador García Jiménez dice enfático que el fruto de obligar a leer sólo puede conducir a un país de analfabetos, pues "no se puede esperar de quien ha aprendido la letra con sangre que disfrute con *La Celestina* o *El Quijote*". Abunda:

> Quien aprendió las letras a cañazo limpio huirá de los libros como si estuviesen encuadernados con la piel del diablo. Aquellos chiquillos martirizados en los centros escolares son hoy los profesores que siguen censurando, en definitiva,

> con un lápiz rojo el "placer desinteresado" por la lectura. Inconscientemente podrían estar vengándose de todos los absurdos exámenes y oposiciones que tuvieron que soportar para convertirse en funcionarios de la literatura.

García Jiménez cree, de hecho, que hay que acabar de una vez por todas con la enseñanza de la literatura que reparte castigos y recompensas según se cumpla con el penoso rito escolar de un lema cruel y estúpido ("La letra con sangre entra"), obcecadamente antipedagógico, mediante el cual aprender literatura "es como si te obligaran a tragarte un libro". Esta visión coincide con la de un sector de escritores, intelectuales y profesores críticos de los excesos pedagógicos en el ámbito de la lectura de obras literarias, la cual ha probado con suficiencia que la enseñanza literaria suele ser contraproducente por obligatoria en los terrenos que se suponen dominios del placer.

Este autor ilustra los efectos nocivos de hacer obligatoria, por disposición oficial de los programas de estudio en España, la lectura de la obra maestra de Cervantes: una enorme proporción de estudiantes acaba por cobrarle aversión y rencor a esta maravillosa novela, en primer término por el carácter coercitivo del supuesto placer que se obtendrá, y en segundo lugar porque los métodos de enseñanza son incapaces —por inflexibles, intolerantes y burocráticos— de hacer sentir la obra literaria clásica, para revivirla y convertirla en asunto de la experiencia inmediata, a quienes, de otro modo, la padecen y la juzgan distante de su interés y su pasión.

La naturaleza de la escuela como productora de lecciones cuyo aprendizaje se recompensa y cuya falta de aprendizaje se castiga, genera en los potenciales lectores un sentimiento de desconfianza frente al deber presentado como experiencia placentera, sobre todo si les exige el disfrute de manera irrenunciable. Aun los más pequeños pueden advertir la incongruencia de un planteamiento anómalo que delata su desmedida contradicción al insistir en la unión de antónimos que, bajo la ley del oxímoron, naturalmente se repelen: obligaciones placenteras, goces obligatorios.

García Jiménez cita en su apoyo la reflexión de uno de los personajes femeninos de cierta comedia de Willy Russell, la joven Rita:

> Eso es lo repugnante de los colegios... Que empiezas a hablar... lo estás pasando bien y de pronto, en el mejor momento, el profesor quiere que aquello se convierta en una lección... Y ya se jodió todo... Fíjate que un día... yo siempre me acuerdo de ese día, íbamos con una profesora dando un paseo por el campo... Yo me había quedado un poco retrasada, con un chico, y vimos un pájaro maravilloso... Tenía todos los colores del mundo juntos... Y cuando yo iba a llamar a gritos a todos los demás para que lo viesen, me dijo el chico: "¡Cállate, o tendremos que hacer un ejercicio de redacción sobre el maldito pájaro!".

Este pasaje ilustra la contradicción entre pedagogía y placer, entre lección y observación, entre deber y lectura, y parece del todo absurdo que los métodos de enseñanza no hayan podido comprender, a lo largo de los siglos, la certeza a la cual llegó García Jiménez mediante la experiencia directa con sus alumnos: que la lectura, y especialmente la literatura, no debe convertirse en un deber y en un riesgo de fracaso.

En la literatura inglesa contemporánea, el escritor de origen húngaro Stephen Vizinczey ya había señalado en 1968, en un ensayo que recogió posteriormente en su libro *Verdad y mentiras en la literatura*, la malignidad de la cultura y la enseñanza cuyas consecuencias nos revelan que "sólo los lectores de sensibilidad indestructible pueden sobrevivir a la educación sobre literatura", pues la educación literaria, con sus mecanismos coercitivos, disciplinarios, pedestres y faltos de inclinación vital, es el principal instrumento para alejar a los niños y a los jóvenes no únicamente de la lectura sino también de la escritura.

A lo largo de los siglos ha prevalecido una falta de sensibilidad para comprender que, lejos de fomentar el gusto por la lectura, los mecanismos curriculares lo inhiben y lo ahuyentan. Esto da por resultado una sociedad que aborrece el libro de manera natural.

La escuela ha sido, en este sentido, culpable de un dogma que ha desterrado el placer y ha arrebatado a niños, jóvenes y adultos el derecho al disfrute. Allí donde se hace presente la recompensa o el castigo de la calificación, la lectura no puede desenvolverse. Allí donde leer es un acto disciplinado que se sostiene en el dogma pragmático y abstracto del "provecho" y la "superación", lo único que se puede lograr son lectores frígidos.

Y sobre la frigidez lectora, la falta de apetito por un libro, la anorexia de la imaginación y la fantasía sin otra recompensa que el placer mismo, es pertinente recordar de nuevo a Michèle Petit, quien en su libro *Lecturas: del espacio íntimo al espacio público* observa:

> Hay algo en la lectura que no es compatible con la idea de programación, de promoción. ¿Se le ocurriría a alguien promover el amor, por ejemplo? ¿Y encargar el tema a las empresas o a los estados? Sin embargo esto existe. En Singapur, donde realicé investigaciones hace unos quince años, el Estado fletaba barcos del amor y los ejecutivos de empresas, solteros de ambos sexos, eran insistentemente alentados a embarcarse en esos cruceros. Me parece que este sería un buen método para fabricar todo un pueblo de frígidos.

Lo mismo puede decirse de los métodos tradicionales con los que se ha pretendido conseguir lectores diestros, expertos, informados, calificados, serios, disciplinados, profesionales; "competentes", pero por ello mismo inapetentes.

Decir que la lectura no es mensurable, que no es materia de estadísticas sino ocupación y placer de ociosos, de hedonistas, de sibaritas, de libertinos, de individuos que tienden a la felicidad provoca miedo y pavor entre las personas e instituciones apegadas al valor de lo curricular como elemento fundamental para calificar el potencial humano (y profesional) del individuo.

No debemos confundir habilidades y destrezas —que se desarrollan y perfeccionan con el entrenamiento— con la educación y la cultura —dominios no exclusivos de la escolarización—, pues éstas suponen procesos más profundos de aprendizaje porque incluyen a un tiempo la inteligencia y la sensibilidad, y no proscriben sino que suscitan la intuición emocionada.

Pese a ser hombres de libros y de muchas lecturas, en los siglos XVI y XVIII extraordinarios pensadores como

Montaigne y Chamfort creían firmemente en la potencia de la espontaneidad creadora y concedían gran importancia a la lectura intuitiva y fascinante del libro de la vida misma. Formarse, para ellos, era un asunto integral que no dependía exclusivamente de la escuela ni de los maestros, ni siquiera de los libros por sí mismos, es decir, por ser libros, sino por todo lo que suscitaban en la experiencia de los lectores, a condición, por supuesto, de no ser exclusivamente lectores.

Como lector, Montaigne se felicitaba de no hacer nada sin alegría, y explicaba: "Si un libro me irrita, paso a otro, y sólo me dedico a él en las horas en que el aburrimiento de no hacer nada empieza a apoderarse de mí". En otro momento de sus espléndidos *Ensayos*, nos advierte de un peligro que los pedantes librescos ni siquiera sospechan: "La sabiduría tiene sus excesos, y no necesita menos moderación que la locura".

Chamfort, por su parte, al jerarquizar las formas de aprendizaje de la cultura, establece un orden de prioridades que pone a la escuela y al libro en el último sitio, pese a su importancia. Escribe: "Lo que mejor se sabe es: 1) lo que se adivina; 2) lo que se aprende mediante la experiencia en los hombres y en las cosas; 3) lo que se aprende no en los libros, sino a través de ellos, es decir, por las reflexiones que suscitan; 4) lo que se aprende en los libros y de los maestros".

Inteligente y sensible, Chamfort jamás cometió el pecado de la pedantería y de la erudición sin alma. Así como no se es un buen general por mandar sobre muchos soldados, creía también que no se es un hombre de talento por leer muchos libros y poseer muchas ideas. En el siglo XVIII hizo una crítica devastadora a la cultura libresca coyuntural y a la moda: "La mayor parte de los libros del presente tienen el aire de haber sido escritos en un día, con los libros leídos la víspera".

Reconocer que la lectura es un vicio y, en su mejor posibilidad, una perdición, resulta incompatible por supuesto con el concepto grave (grave, no serio; es decir, patético) que prevalece como valor inamovible en la institución educativa. Reivindicar la raíz latina de la palabra *escuela* (*schola*, ocio consagrado al aprendizaje) sería una de las exigencias principales para plantear verdaderamente un gozo por la lectura sin anteponerle el principio del deber que, en no pocas ocasiones, está acompañado de sevicia, insatisfacción, frustración y, por ello mismo, de rencor.

Dice bien Michèle Petit cuando advierte que la dimensión de *perdición* que tienen la lectura y el gusto de leer genera una reacción hipócrita, puritana, mojigata, expresada en un discurso de santurronería que anda buscando siempre una justificación práctica, y previsiblemente abstracta, para reconocer y legitimar el "hábito de la lectura" y sus consecuencias como beneficios institucionalmente aceptables.

Legitimar un vicio, una adicción (cuando se condenan todos los vicios, todas las adicciones) resulta por supuesto inconcebible. Pero el "hábito de la lectura", si en verdad ha prendido, si en verdad no tiene marcha atrás, es un vicio, una adicción, una perdición. Una perdición donde, por paradoja, el individuo se encuentra a sí mismo y se pierde para la masa, para la muchedumbre, para la uniformidad.

Por eso, esta idea de la lectura como un camino de perdición resulta desagradable para las instituciones y para muchas personas institucionalizadas, que, como dice Petit,

> se encargan de cubrirla con un manto de eficiencia: en cuántas familias, por ejemplo, los niños son alentados a leer porque parece que eso podría ser útil para sus estudios, pero provocan irritación cuando alguien los encuentra con un libro en las manos y perdidos en sus fantasías. Cuántos trabajadores sociales, e incluso formadores o bibliotecarios, encasillan a las personas de medios pobres en lecturas "útiles" o prácticas, es decir, aquellas que supuestamente van a serles de aplicación inmediata en sus estudios, en la búsqueda de un empleo o en la vida cotidiana.

¿Por qué ese manto de *eficiencia* sobre un hecho que está motivado, en su elemento principal, por una inclinación placentera? Porque a las instituciones y a las personas con mentalidad institucionalizada les da miedo que se piense que están fomentando el ocio, el vicio, la relajación y la disipación en una sociedad cuyo discurso se fundamenta en la eficacia y en la eficiencia (signifique esto lo que signifique), en el impacto social y en las aplicaciones para el trabajo y la mayor productividad.

Gabriel García Márquez, el gran escritor colombiano y universal, uno de los más grandes fabuladores de todos los tiempos, y uno de los lectores más ávidos, tuvo la plena seguridad de que la lectura "se adquiere por contagio" y no a través de la presión social y escolar, por muy bienintencionada que sea, y señaló también un hecho que no han querido comprender ni los profesores ni quienes idean las más insistentes campañas de lectura:

> El hábito de leer suele ser de la familia entera. Algo semejante ocurre con el gusto por la música. Sólo que en ambos

casos la presión de los adultos puede tener efectos contrarios: la aversión a la lectura y a la música. Alguna vez le oí decir a un gran profesor de música que a los niños no se les debía forzar a aprender el piano con aquellas prácticas cotidianas que de veras parecían sesiones de tortura. Su fórmula era más humana: hay que tener el piano en la casa para que los niños jueguen con él.

La lectura y lo inhumano

Como pocos pensadores, George Steiner nos ha mostrado que no debemos ser tan optimistas respecto de la "fuerza humanizadora" de la cultura por sí misma, esa idea demasiado generosa según la cual "las energías del espíritu son transferibles a las de la conducta".

Pocos escritores arrojan tanta luz sobre la cultura y la propia literatura como Steiner, y uno se quedará siempre corto en sus apreciaciones sobre la realidad cultural, política y social. ¿Es acaso exagerado sostener que alguien puede frecuentar y amar la gran literatura y, pese a ello, ser malvado? ¿Se exagera, de veras? Maticemos, pues: tal vez la lectura de grandes obras no puede hacer peores a las personas que ya son peores, pero en nuestro auxilio podríamos pedir prestadas algunas límpidas y lúcidas palabras a Steiner: "Sabemos que un hombre puede leer a Goethe o a Rilke por la noche, que puede tocar a Bach o a Schubert, e ir por la mañana a su trabajo en Auschwitz. Decir que los lee sin entenderlos o que tiene mal oído es una cretinez".

Agrega: "Además, no se trata sólo de que los vehículos convencionales de la civilización —las universidades, las artes, el mundo del libro— fueran incapaces de presentar una resistencia apropiada a la brutalidad política; a veces se levantaron para acogerla y para tributarle sus ceremonias y su apología".

Steiner ha sido uno de los más lúcidos denunciadores de esos nexos, evidentes pero generalmente negados, "entre las pautas intelectuales, psicológicas, del alto saber literario y las tentaciones de lo inhumano". *Lenguaje y silencio*, uno de sus mejores libros, tiene precisamente por subtítulo *Ensayos sobre la literatura, el lenguaje y lo inhumano*. Y esta última palabra conlleva un concepto clave. ¿Se puede ser malvado y aun inhumano pese a leer grandes libros, escuchar música prodigiosa y ser admirador y cultivador del alto saber literario y de la más elevada cultura? Se puede, por supuesto.

Octavio Paz, en su momento, también iluminó esos caminos del pensamiento de lo que él denominó, con entero acierto, las "doctas tinieblas", y advirtió el caso de los artistas "buenos" y de "muy buenas intenciones" que en nombre de una lógica de la historia y previamente absueltos por ella "cometieron muchas iniquidades con la misma tranquilidad de conciencia del fanático religioso que, con el pecho cubierto de escapularios, mata herejes y ajusticia paganos".

Al referirse a la historia del siglo XX y su cultura renombrada, en los últimos años de su vida Paz esclareció aún más estas ideas, y concluyó:

> Nuestro siglo —y con el nuestro todos los siglos: nuestra historia entera— nos ha enfrentado a una cuestión que la razón moderna, desde el siglo XVIII, ha tratado

> inútilmente de esquivar. Esta cuestión es central y esencial: la presencia del mal entre los hombres. Una presencia ubicua, continua desde el principio del principio y que no depende de circunstancias externas sino de la intimidad humana [...]. La sombra del mal mancha y anula todas las construcciones utópicas. El mal no es únicamente una noción metafísica o religiosa: es una realidad sensible, biológica, psicológica e histórica. El mal se toca, el mal duele.

¿Puede un hombre que se cree bueno cometer iniquidades en nombre del beneficio de la especie? ¿Y puede ese hombre amar las manifestaciones culturales y las emanaciones del arte? ¿Puede un hombre docto leer buenos libros y seguir siendo un patán, un cretino, un bárbaro, un primitivo, un inhumano? Sí, desgraciadamente, sí puede.

Stephen Vizinczey diría que el centro de la cuestión está en los cobardes que para justificarse y justificar sus actos vergonzosos son capaces de decir, y de creer de veras, que "el porqué de los actos humanos cambia algo las cosas", que el fin justifica los medios.

Por eso, un amoroso padre de familia, aficionado a la música y a la lectura, pudo dirigir el asesinato de cientos de miles de personas en Treblinka y creer que hacía lo correcto porque únicamente realizaba "su trabajo". Cuando el mundo deje de esquivar esta atroz realidad, podrá explicarse alguna cosa con algo de sinceridad, gracias a los libros y a pesar de la lectura.

El derecho de soñar despierto

El derecho de soñar despierto es un derecho subversivo y, por ello, perseguido y castigado. Por algo, en "Los diez mandamientos de un escritor", Vizinczey aconseja, sabiendo que quien recibe el consejo está expuesto de manera permanente a la reprobación: "No dejes a nadie decirte que estás perdiendo el tiempo cuando tienes la mirada perdida en el vacío. No existe otra forma de concebir un mundo imaginario".

He aquí la clave. Para quienes se conforman con el mundo real, toda imaginación es un desperdicio. En cambio, para quienes habitan con descontento, críticamente, este mundo pedestre, dogmático y muchas veces infame, un modo de encontrar las alegrías que el universo práctico les niega de manera sistemática es imaginar otro que se añade al real.

La lectura y su poder de subversión siguen vigentes, como activos son también los mecanismos que intentan "protegernos" de su "poder maligno", de su capacidad para inducirnos a la "indolencia" y a la "perdición". La razón del fracaso de los programas oficiales de lectura en prácticamente todo el mundo hay que buscarla en los prejuicios institucionales con los que se quiere desvirtuar (y desterrar) el ejercicio del placer sin otro fruto que el placer mismo.

Guardadas las distancias, lo mismo que en la Edad Media, el conocimiento que nos entregan los libros se sigue considerando hoy potencialmente *subversivo.* La lectura nos puede llevar a desviaciones y no por la senda recta; por la bifurcación inconformista y hedonista y no por la vereda única que marca el deber.

Por eso se refuerzan tanto los métodos pedagógicos que insisten en "orientar" el gusto, en disciplinar el hábito, en domesticar la pasión. Y no puede haber mayor contradicción que pretender que la gente lea como costumbre con estos métodos, cuando la lectura en sí misma parte de una disposición natural de azar, de caos, de indisciplina, de anarquía, de libertad.

A decir de Armando Petrucci, todos los lectores son, en un principio, anárquicos, caóticos, y sólo con la experiencia irán formando su muy exclusivo orden personal. De hecho, los lectores actuales, sobre todo los jóvenes, rechazan de plano la coerción de la regla, de lo que se debe leer para aprender, para formarse, para "superarse" o simplemente para estar en el camino "correcto", y leen libre y caóticamente todo lo que encuentran a su alcance, "mezclando géneros y autores, disciplinas y niveles", criticando y a la vez contraviniendo el canon oficial y sus jerarquías de valores.

No debe extrañarnos que el miedo que las instituciones y las personas institucionalizadas le tienen a la lectura sin coerción, sin orden y sin concierto sea, por encima de todo, un miedo a la falta de control y, por ello mismo, a la pérdida de autoridad y de poder al entrar en crisis y ponerse en duda su derecho a la sanción.

Hay en el discurso del orden y de la autoridad un ejercicio anacrónico de guardián de lo conveniente (*vigilar y castigar*, diría Foucault) que inhibe en los lectores potenciales la inclinación natural de descubrir el placer por sí mismos. La conducción de la lectura, en aras de la orientación y de evitar la dispersión, ha operado en contra de la lectura misma y ha impedido en gran medida que el gusto de leer se genere a través del infalible contagio, que es como se adquieren exactamente los vicios, las habilidades, las aficiones y, desde luego, las enfermedades.

El discurso edificante y el sermón proteccionista teñido de nobleza y de buenas intenciones ("lo hago por tu propio bien", "es lo que te conviene", "sin guía no hay conocimiento", "aunque no te agrade, debes hacerlo", etcétera) han generado siempre desconfianza, y viniendo desde la institucionalidad han engendrado siempre resistencia. El bien en nombre del cual se habla, desde el poder (el poder de la institución, el poder de la cátedra, el poder del jefe de familia, el poder del experto, el poder a secas), lo único que puede repartir es obligaciones. Y las obligaciones engendran a su vez deberes insatisfechos, jamás placeres apasionados.

Con mucha frecuencia, los adultos pervierten la inclinación natural de los niños y los conducen por el camino y el discurso de una falsa "edificación", que corresponde más bien al universo de los "mayores". Esto lleva a los niños a falsear su mundo cuando quieren dar gusto a los adultos en busca de la recompensa que es su aprobación. El ejemplo más claro está en la mayoría de los textos que los niños producen en la escuela o para los concursos: están construidos con los retazos de un universo ajeno al mundo infantil.

Tiene razón García Márquez cuando afirma que sólo cuando no nos hacen caso a los adultos, los niños son verdaderos poetas, porque "cuando se les pide que escriban un cuento para la escuela lo escriben con la misma hipocresía de los adultos, para que le guste a la maestra, y cuando se les pide que escriban para un concurso lo hacen para que le guste al jurado". Petit hace un diagnóstico similar:

Subsiste hoy todavía, más a menudo de lo que suponemos, el temor de que el libro instile en nosotros algo pernicioso, algo sedicioso. O que sea recibido de manera extraviada, incontrolable, que alguien encuentre en él algo distinto de lo conveniente. Pero más aún que el contenido de los libros, lo que da miedo, me parece, es el gesto mismo de la lectura, que constituye un desapego, una forma de desviarse. Los lectores y las lectoras irritan porque no se puede ejercer mucho ascendiente sobre ellos, porque se escapan. Son como traidores o desertores. Se los considera asociales y aun antisociales. Y constantemente son llamados al orden.

Verdades sobre la lectura

En 2002 se publicó en México, por fin, un libro inteligente y sensible sobre el tema de la lectura; un tema del que todo el mundo habla (incluso quienes no leen) con aires impostados y con discursos severos y contraproducentes. *La intuición de leer, la intención de narrar*, del argentino Rodolfo Castro, es una de las lecturas más gratificantes que pueda hacer alguien a quien realmente le interese escuchar y saber algunas buenas verdades acerca de la lectura.

Cada página de ese libro nos lleva a múltiples reflexiones, sensaciones e intuiciones, y despoja al tema de la lectura de su careta grave y fastidiosa, proponiéndonos que seamos sinceros en nuestra relación con los libros y la lectura; que dejemos de manipular y ser manipulados por conceptos demasiado "importantes" que sólo pueden conducir al hastío de la lectura.

Rodolfo Castro, narrador oral, teatrero, maestro de escuela, cuentero, hombre inteligente y sensible, nos entrega una de las lecciones más cordiales y ejemplares sobre el hecho de leer y todo lo que ello acarrea, que no tiene que ver únicamente, como bien dice, con la lectura de libros, sino que va más allá en una experiencia donde lo más importante es vivir.

Desde su primer párrafo y desde su primera idea, el libro de Rodolfo Castro es más que sugerente: "Hay un saber escondido en la intuición, en la sensibilidad, en la emoción, en el juego, en la lucha. La lectura siempre debe estar unida a esto, de otro modo se transforma en peso muerto, en tecnicismo". Más aún: "La lectura trasciende los libros. Es más una actitud ante el mundo que una aptitud ante los signos del lenguaje escrito".

E inmediatamente pone el dedo en la llaga:

> Las consideraciones sobre la lectura suelen estar enviciadas con una mirada pragmática, utilitaria, que sólo reconoce virtudes en lo racional. Las virtudes de la famosa doña Comprensión Lectora [...]. Se sigue poniendo el interés en un lector puramente analítico y racional; esto indudablemente es importante, pero se desestima al lector intuitivo, lúdico, impredecible, mágico e irracional, por nombrar sólo algunas características.

Escrito con claridad, con una exposición sencilla, coloquial y amable, *La intuición de leer, la intención de narrar* es una suerte de aire refrescante en esta materia, y defiende la idea de que, en general, todos somos lectores y todos tenemos la necesidad de narrar, de contarnos, de leernos y de encontrarnos a nosotros mismos en las historias que leemos, que nos relatan, y a través de las cuales podemos hallarnos como en ningún otro sitio.

Decir que el libro de Rodolfo Castro es un libro inteligente sería decir muy poco, porque además es un libro que no reconoce únicamente a la inteligencia como la mejor forma para aprender del mundo. Es un libro inteligentísimo porque desconfía de la inteligencia como herramienta única para acceder al conocimiento, y reivindica, inteligentemente, la potencia de la intuición y, junto con ella, todas las demás potencias que le dan sentido a la vida y a la lectura: el juego, el azar, la libertad, la falta de coerción, la alegría de inventar, la maravilla de maravillarnos.

Quien piense que estamos ante un catálogo de lugares comunes se equivoca. El libro de Castro es audaz y valiente en sus apreciaciones al ir en contra de toda una serie de supuestos que han adquirido rango de verdad por todo el peso de la legitimidad académica, política, escolar, editorial y, desde luego, cultural y libresca. Impera en el mundo actual la cultura como una disciplina, en vez de la cultura como un acto creador y esencialmente inventivo, ocurrente, disparador de lo imprevisible. Con la lectura pasa hoy lo que ocurre con la filosofía: así como los profesores enseñan "filosofía", pero no a filosofar, los maestros de lectura enseñan "lectura", pero no instilan el placer de leer y escribir.

Dividido en dos partes que son a la vez las dos ideas que dan título al libro, este volumen rebate la mitología al uso respecto de un tema tan grave y tan severo como la lectura, la escritura, la creación literaria y la tradición de la cultura. "Disponerse a leer un libro —dice el autor— puede no ser más que un pretexto para leerse a uno mismo sin ser molestado". Y añade: "Leer es siempre una búsqueda hacia el interior. Cuando al leer no acudan a nosotros imágenes o sonidos, asociaciones o preguntas, entonces tan solo estaremos decodificando un texto".

Esto, que debería ser tan claro, es casi incomprensible para muchos que hablan acerca de las virtudes del leer. Castro va más allá:

> Somos lectonarradores de tiempo completo. Todo se está narrando. Somos lectores conscientes e inconscientes desde mucho tiempo antes de aprender a leer en los libros [...]. Habría que examinar cuándo nos convencieron de que ya dejáramos de jugar y prestáramos atención, de que no conversáramos con el compañero, de que miráramos al frente y no nos moviéramos, de que respetáramos a nuestros mayores aunque ellos no nos respetaran a nosotros. Habría que examinar cuándo fue que el mundo verdadero se subordinó al mundo escrito y comenzó a ser más interesante leer una aventura que vivirla.

Dice bien Rodolfo Castro cuando afirma que el concepto de lectura está sometido a la presión de los paradigmas dominantes y vacíos, "a la prédica incesante de la 'gente culta', la gente que no se atreve a reconocer que no lee". Castro estima que "es abrumadora la cantidad de gente que tiene en su haber infinidad de lecturas de libros, pero vive una existencia superficial, llena de prejuicios y desprecios, de indignidad y sinrazón".

"Se debe —dice Castro para cerrar su libro— percibir el mundo con todos los sentidos, dejarse sorprender, emocionarse, indignarse y, ante todo, hacerle caso a la intuición. La de leer. La de narrar. La de vivir".

La obligación y el deseo

El fracaso de los programas institucionalizados para fomentar la lectura tiene sus causas en ese orden que se pretende imponer sobre una materia que es de suyo opositora, discutidora, antagonista de todo orden.

La escuela se ha empeñado en meter en cintura, mediante la recompensa y el castigo de la calificación, el ejercicio libre, azaroso y aun anárquico de la lectura, cuando lo hay (y, cuando no lo hay, ha establecido su obligatoriedad, nunca desprendida, por supuesto, de las evaluaciones). Lo que ha conseguido con ello no son lectores, sino estudiantes que, en su necesidad de aprobar la materia de español o de literatura, se aplican y se esfuerzan en repetir sin comprender lo que el maestro y la escuela quieren oír, para después de obtener la buena nota abandonar por completo aquello que les significó negarse, restarse, despersonalizarse; es decir, se desapegan de los libros y la lectura, que tantas mortificaciones les dieron.

En el fondo, los estudiantes acaban cobrándole un profundo rencor a la lectura y aborrecen los libros, y si con un sentido responsable (ya adultos, ya maestros, ya padres de familia, ya profesionistas) van por la vida expresando un discurso que afirme la gran utilidad del libro y la lectura como formas de superación, lo hacen en función de todo aquello que tuvieron que sufrir para alcanzar la nota aprobatoria en la boleta de calificaciones. Lo que ven en el libro y en la lectura es un doloroso rito de pasaje, que puede ser tan aborrecible como la enseñanza abstracta de las matemáticas, y cuyo único beneficio radica en el promedio favorable para el diploma y el certificado.

Por medio de lo curricular, la escuela ha conseguido alejar tan eficazmente a los estudiantes del placer de leer que, a lo largo de los siglos, lo que ha reivindicado no es la libertad sino el orden; no la imaginación sino el paso para insertarse en el ámbito laboral, donde el libro acaba por verse como un instrumento más, que deja de ser necesario en el momento en que se cumple el objetivo de conseguir el diploma, el título, el certificado, que conducirán a su poseedor a alcanzar un empleo remunerado. (No está de más recordar que libertad e imaginación fueron las consignas que en todo el mundo enarbolaron los movimientos estudiantiles durante el siglo XX. Si la libertad y la imaginación fuesen banderas consustanciales a la institución escolar, no tendría sentido expresarlas en un discurso reivindicatorio).

En la década de 1970, Ivan Illich describió a la perfección el problema de la sociedad escolarizada en relación con el proyecto vital del individuo. El problema, dice, es que la sociedad escolarizada todo lo justifica a partir de los valores cuantificados: el currículum, que, como mercancía, desdeña y aun combate el aprendizaje extracurricular. De esta forma, en un ejercicio de abstracción les hace ver al individuo y a la sociedad que todo aquello que no es cuantificable resulta en consecuencia ocioso, insustancial, inútil, o por lo menos sospechoso. Advierte Illich:

> Es difícil desafiar la ideología escolar en un ambiente en el que todos sus miembros tienen una mentalidad escolarizada.

> Es propio de las categorías que se manejan en una sociedad capitalista industrializada el medir todo resultado como producto de instituciones e instrumentos especializados. Los ejércitos producen defensa, las iglesias producen salvación eterna, Ford produce transporte [...]. ¿Por qué no concebir entonces la educación como un producto de la escuela? Una vez aceptada esta divisa proveniente de una mentalidad cuantitativo-productiva, tendremos que toda educación que pueda recibirse fuera de la escuela o "fábrica educativa" dará la impresión de ser algo espurio, ilegítimo y, ciertamente, no acreditado.

La diferenciación entre lecturas útiles y lecturas complementarias no hace más que subrayar el desprestigio (y no pocas veces el desprecio) por todo aquello que no sirve para acceder al mercado de trabajo. Contraria a su etimología misma, la escuela se convirtió muy pronto en un paso de preparación para ingresar al centro laboral, que soslaya el sentido humano y la realización íntima del individuo: hoy, *realización* equivale por lo general a conclusión de estudios, y abundan en el mundo personas cuya edad escolar está entre los dos y los sesenta años, y que pasan, como decía con sarcasmo Jorge Ibargüengoitia, de las aulas a la tumba sin haber tenido otra ocupación que ser estudiantes ni otro ámbito de realización personal que no fuera la escuela (desde la materno-infantil hasta la universidad, con sus posgrados y sus especializaciones de rigor, incluidos los posdoctorados, tan en boga). Nada de esto mejora necesariamente el sentido humano de la persona.

Hasta hace relativamente poco —y a la fecha en los estratos rurales o semiurbanos—, la gente solía identificar la educación con las buenas maneras, que, según esto, sólo la escuela podía proporcionar. Así, era frecuente escuchar, en tono de elogio: "Es una persona tan educada y tan lista que se ve que ha ido a la escuela"; o, en tono de reproche o reprobación: "Es tan maleducado y tan impertinente, tan grosero, que no parece que haya ido a la escuela".

La escuela misma se ha encargado de desmentir esta visión ideal o este buen deseo humanista. Hoy sabemos que, en general y (para usar un término industrial) "por *defecto* de sistema", las instituciones escolares no venden educación sino diplomas, y que la escolaridad está basada en una meritocracia que no prepara para la vida (es decir, para ser mejores individuos) sino tan sólo para la competencia laboral. Por eso abundan individuos corruptos, intemperantes, inescrupulosos, vanidosos, soberbios, egoístas o malvados con vistosos grados académicos, que sólo por este motivo son considerados eficaces en el medio laboral, sin que se les reproche su sevicia o su falta de genuinas buenas maneras, ya no digamos su total carencia de solidaridad con el prójimo.

La escuela ha generado un nuevo tipo de déspota que identifica el título con el mérito, y que está convencido de que la capacidad y la habilidad exigidas por el puesto consisten en pasar por encima de los demás en una competencia carente de fraternidad. Siempre *más alto*, siempre *más lejos*, siempre *más fuerte*. Todo esto suele equipararse, indiscutible pero equívocamente, con *mejoría*.

Por si fuera poco, incluso los organismos internacionales insisten, bienintencionada pero soberbiamente, en la "inferioridad", que deviene barbarie, de quienes no tienen una elevada escolaridad ni, por tanto, altos títulos, lo que lleva también a concluir que si alguien no lee muchos libros es porque le falta "preparación".

Deberíamos saberlo: aunque se piense lo contrario, así como dar muchas limosnas no asegura la salvación eterna ni la entrada al cielo, leer muchos libros (así sean los mejores) no nos asegura sabiduría, comprensión, sensibilidad, simpatía, inteligencia. En su libro *Perdonadme, ortodoxos*, Fernando Savater escribe:

> Aun a riesgo de ser tachado de trivial —lo que me importa un bledo— recordaré que conozco a hombres totalmente carentes de espíritu, en el sentido fuerte de la expresión, que frecuentan a Shakespeare y traducen de corrido a Homero, mientras que hay auténticos sabios que nunca han sentido interés por uno ni por otro, que personas desconocedoras de *La divina comedia* han alcanzado el don precioso de la serenidad, que está negado a algunos de los que la recitan de memoria; que Hitler gustaba de oír a Mozart, que es mi músico predilecto, y no por ello le hubiese deseado como amigo; que quizá *El capital* no ha dado a nadie esa profunda exigencia de una comunidad humana justa y libre que tienen algunas personas que no saben leer ni escribir; que en el silencioso gesto del suicida hay una realidad que Freud no alcanza pero que intuye quien NO dice, como los miserables: "Fue una cobardía", etcétera.

Agrega el filósofo y escritor español:

> Si cada uno de los diez mil libros publicados diariamente se presentase a sí mismo como gozosamente ocioso y superfluo, tal como todos los libros son, la proliferación de

> la letra impresa adquiriría un carácter netamente jubilar; cada lector aceptaría esta verdad elemental: que da lo mismo, desde el punto de vista de la sabiduría, haber leído un libro que un millón, que no hay ninguna razón para leer otro libro después del primero, sino cierta fidelidad a lo que causa placer.

En un exceso "cultural" que conduce a hipérboles literarias no comprendidas en su verdadera significación poética (por ejemplo: "Leer es mejor que vivir"), acaba por no entenderse que los libros son sólo un sucedáneo de la vida y que resulta triste la actitud, que horrorizaba a Schopenhauer, de quien huye de la naturaleza y únicamente tiene ganas de hojear un herbario y contemplar bellos paisajes sólo por medio del grabado; en otras palabras, de quien prefiere un remedo de la vida a la vida misma.

Esto es lo que llama también la ignorancia de los doctos el gran ensayista inglés William Hazlitt, quien con ironía dice:

> Los lectores infatigables de libros son como los eternos copistas de cuadros que, cuando tratan de pintar algo propio, se encuentran con que no tienen un golpe de vista lo bastante rápido, una mano lo bastante firme ni colores suficientemente expresivos para diseñar los contornos vivos de la naturaleza.

Lo que muy acertadamente llama Savater el ansia de la *cultura acumulativa* y, especialmente, la banal angustia de la más que excesiva cultura libresca acumulativa es, en efecto, incansablemente promocionada, y hasta exigida, por la pedagogía vigente. Ante ello, de nuevo Savater señala:

> Por mucho que se nos aseste el lema internacional de "aprender a ser" —abusiva vaguedad de la que pudiera desprenderse que sólo se puede ser de un único modo correcto—, la educación sigue siendo la feroz guardiana de la formación como aprendizaje de cosas, las más posibles (dentro de las aceptadas como recomendables, claro está: en España faltan las lecciones de masturbación, que no son impensables en Suecia o Dinamarca), único modo de encauzar la competitividad en pos de los puestos de trabajo —formas de "ser"— económicamente jerarquizados.

De esta forma, en el sistema escolar "nunca se pregunta más de lo que ya tiene respuesta prevista y, puesto que la sabiduría funciona por acarreo o aluvión, se establece *a priori* que el maestro sabe más que el discípulo, el catedrático más que su adjunto y el viejo más que el joven". A fin de cuentas, de lo que se trata es de estar al tanto de todo aquello que distrae de lo esencial, "de todo aquello que ocupa el espíritu sin arriesgarlo".

Pocas definiciones tan acertadas sobre la educación escolar como esta última frase de Savater, la cual nos recuerda aquello que decía Mark Twain acerca de sus años escolares ("el lento sufrir en la escuela", los llama), cuando confiesa que ahí no había nada que él fuera capaz de hacer bien, "excepto silabear según el libro", lo que luego lo llevó a formular más de un sarcasmo inolvidable a propósito de la escolarización, entre ellos el siguiente: "Nunca permití que la escuela entorpeciese mi educación".

Cuando la lectura placentera cae en el rango de lo complementario, lo verdaderamente importante es, sin duda, todo aquello que se lee para la superación, para el crecimiento intelectual, para la mejoría abstracta, porque nunca como en la época contemporánea la compulsión de la utilidad, la productividad, la eficiencia y la justificación de un sentido práctico condicionó las relaciones al grado de proscribir el placer o catalogarlo como tiempo perdido.

En el lúcido alegato sobre la escuela ("ese mito liberal"), Illich describió situaciones que todavía tienen plena vigencia, o, mejor dicho, que tienen vigencia hoy más que nunca:

> Una vez que los jóvenes han permitido que sus imaginaciones sean formadas por la instrucción curricular, están condicionados para las planificaciones institucionales de toda especie. La "instrucción" les ahoga el horizonte imaginativo. No pueden ser traicionados, sino sólo engañados en el precio, porque se les ha enseñado a reemplazar la esperanza por las expectativas [...]. La escuela inicia a los jóvenes en un mundo en el que todo puede medirse, incluso sus imaginaciones y hasta el hombre mismo [...]. Las personas que han sido escolarizadas hasta su talla dejan que la experiencia no mensurada se les escape entre los dedos. Para ellas, lo que no puede medirse se hace secundario, amenazante. No es necesario robarles su creatividad. Con la instrucción, han desaprendido a hacer lo suyo o a ser ellas mismas, y valoran sólo aquello que ha sido fabricado o podría fabricarse.

En este contexto y con este esquema ideológico, la lectura por placer tiene que ser, obviamente, una pérdida de tiempo, a menos por supuesto que el placer acepte medirse, clasificarse, jerarquizarse, a efectos de convertirse en mercancía, en utilidad, en clientes.

Por eso tiene razón también Raoul Vaneigem, quien actualiza el alegato desescolarizador de Illich y señala que lo que actualmente está en juego es una reestructuración radical de la sociedad "y de una enseñanza que aún no ha descubierto que cada niño, que cada adolescente, posee en estado bruto la única riqueza del hombre: su creatividad".

Para Vaneigem, la escuela lleva la marca sensible de una fractura en el proyecto humano, pues sólo así puede entenderse que la obligación haya sustituido al deseo y haya propagado la falsa certeza de que sólo aquello que tiene fines prácticos puede ser "útil" para la vida.

La verdadera riqueza del ser humano, piensa Vaneigem, es la capacidad de volverse a crear recreando al mundo, en un proceso donde "la educación incumbe a la creación del hombre, no a la producción de mercancías", y donde "sólo el placer de ser uno mismo y de ser para sí le daría al saber esa atracción pasional que justifica el esfuerzo sin recurrir a la obligación".

En su más famosa tragedia, William Shakespeare pone en boca de un elocuente Romeo que habla así mientas piensa en Julieta: "El amor corre hacia el amor, como los escolares huyen de los libros; mas el amor abandona al amor, entristecido, como quien va a la escuela".

Lectores tartamudos

Recordemos que, parafraseando a Paul Goodman, Gabriel Zaid ha comentado en *Los demasiados libros* que "si los niños fueran a la escuela desde que nacen, para que les enseñaran a hablar, una buena parte de la población sería muda o tartamuda".

La afirmación es inquietante porque se sustenta en una experiencia confirmada a lo largo de los años en los que un tipo de escolarización rígida terminó por aniquilar el libre apetito de saber e imaginación, a cambio de privilegiar los simulacros: los diplomas y las credenciales, "que han llegado a pesar más que el saber".

Del magnífico libro *La intuición de leer, la intención de narrar*, de Rodolfo Castro, releo y transcribo lo siguiente:

> La lectura y la escritura utilitarias se hallan desprovistas de gracia y textura, y están insertas en un formato mudo, árido, enfocado exclusivamente en la producción de mensajes funcionales y de escaso contenido significativo: desde la famosa y fatídica frase "Mi mamá me mima", resistente al tiempo y a los cambios como las cucarachas, pasando por las tediosas copias y dictados que, con la supuesta intención de corregir o mejorar la ortografía y el vocabulario, enmascaran otras intenciones que tienen más que ver con objetivos disciplinarios y con miedosas limitaciones del docente y del sistema educativo [...]. Tras la continua repetición de esas tareas, los alumnos llegan a realizarlas de manera automática, y una coraza protectora contra la lectura y la escritura se despliega alrededor de ellos. Leer para copiar, escribir para cumplir.

En consecuencia, si la lectura y la escritura no están integradas a actos vitales, no pasan de ser, como bien observa Zaid, simples simulacros para obtener un puesto, una promoción, un prestigio, un nivel escalafonario en el esquema que establece esos requisitos como prueba de que se sabe, de que se es capaz. El gran ensayista y poeta concluye lo siguiente con inmejorable ironía:

> Hoy, en una encuesta de lectura, Sócrates quedaría en los niveles bajos. Su baja escolaridad, su falta de títulos académicos, de idiomas, de currículo, de obra publicada, no le permitirían concursar para un puesto importante en la burocracia cultural. Lo cual confirmaría su crítica de la letra: los simulacros y credenciales del saber han llegado a pesar más que el saber.

El problema parece ser, desde hace muchos años, cómo elogiar, encomiar, exaltar o enaltecer el ejercicio de leer y escribir, para que a raíz de este estímulo se convierta en un "hábito", sin que ello nos conduzca a la inquietante frustración y el suspicaz sentimiento de que todo ello es para someternos a permanentes exámenes de conocimiento.

Cuando lo leído se integra a la vida misma, la escritura personal, íntima, es un acto casi natural sin que el que la practique tenga necesariamente entre sus ambiciones la de convertirse en un escritor "profesional". Lo leído es tan nuestro como lo vivido, dijo José Emilio Pacheco en una frase que es el justo aforismo que merece la costumbre de leer. No hay de otra: quien ha leído lo sabe: leer es un vicio, una inclinación recalcitrante que no admite explicaciones demasiado rígidas o relacionadas exclusivamente con la acumulación de asuntos didácticos.

A no pocos profesionistas llenos de medallas, diplomas, membretes y distinciones se les dificulta expresarse por escrito, porque, entre otras cosas, jamás le han encontrado sentido a escribir o leer, como no sea para cumplir un requisito exigido por la escolarización. De este tipo son los lectores tartamudos que suele crear la obligatoriedad.

La adicción de leer

Personas bienintencionadas, inteligentes, nobles, suelen poner en duda la afirmación de que leer es, por principio, un acto placentero. Muchas de ellas sostienen que si la lectura fuese tan placentera no necesitaría ninguna propaganda. En esto último tienen razón, porque de hecho así es: puesto que su consumo repetido sólo puede obedecer al placer, el libro en realidad no precisa ninguna propaganda; sólo volvemos a las cosas que nos dan satisfacción, y sin que nadie nos obligue.

En la infancia se aprende a hablar por imitación (y se adquieren los giros, los gestos, los circunloquios de nuestros modelos), y luego se llega al placer de la lectura por emulación, por contagio, por el interés incluso morboso de saber qué es aquello que entretiene tanto y que apasiona de tal forma a nuestros mayores. Cuando descubrimos que su placer puede ser el nuestro, hemos dado el primer paso a la adicción de leer, una adicción que a partir de entonces, y como todas las adicciones, exigirá permanentemente su alimento.

Si se ha buscado prestigiar el ejercicio de leer a través de la propaganda es, precisamente, porque no se trata de un placer al que todo el mundo tenga fácil acceso y porque, en este sentido, los demás vicios tienen ventaja sobre la lectura, pues aunque a éstos se los ataca, desprestigia, persigue (sincera o hipócritamente), su fácil acceso hace que sus consumidores se multipliquen aceleradamente, mientras que la lectura, aunque es ensalzada y enaltecida (con frecuencia en una propaganda de sermón edificante), carece de pocos adeptos porque no siempre es accesible y porque, paradójicamente, el énfasis que se pone en pregonar sus virtudes hace que el asunto parezca sospechoso. Las adicciones y los placeres prohibidos ni siquiera se alteran por la propaganda en contra; es más, hasta parece que con ella se ven beneficiados.

Los vicios de beber alcohol y fumar pueden ser ejemplos del todo ilustrativos. Sincera o hipócritamente, tienen el rechazo institucional y social, pero no dejan de ejercerse ni de captar todos los días miles de adeptos y dependientes. Estos vicios legales, o legitimados, pueden incluso darse el lujo del autodesprestigio con advertencias cínicas (ordenadas por ley) que disuaden a muy pocos, o a casi nadie, a pesar de las terribles consecuencias de que advierten: "El abuso en el consumo de este producto es nocivo para la salud", "Fumar produce cáncer".

En cambio, los libros y la lectura se presentan con recomendaciones nobles y sermones ejemplares: "Leer es provechoso", "La lectura nos hace mejores", "Los libros aumentan nuestro conocimiento", "¡Lee y tendrás éxito!", "Lee veinte minutos al día con tus hijos: lo que importa está en tu cabeza", etcétera.

En un exceso de menosprecio culturalista, equiparar a los que no leen con un asno ("Si no leo, me a-burro") es una de las imágenes más desafortunadas e injustas con las que se maltrata al no lector con el supuestamente buen propósito de animarlo a la lectura. Y luego, cuando a esta propaganda se le añade la palabra placer, gozo, disfrute y demás sinónimos, todo el mundo duda de dichas virtudes al comparar su potencialidad placentera, casi ignorada, pocas veces experimentada, con la que indudablemente tienen los placeres prohibidos de beber y fumar.

Si leer es tan placentero como se dice, tan edificante, tan ennoblecedor, tan maravilloso, y nos hace *mejores personas*, ¿por qué beber alcohol y fumar le han ganado la partida? Porque, entre otras cosas, la lectura no se presenta como un vicio, como una adicción o como una perdición, sino como un deber, como una obligación, o, para decirlo con Michèle Petit, bajo el manto de un asunto grave e importante que no puede sino despertar la suspicacia o el franco rechazo: "Si tan placentero es el asunto, ¿por qué se exige mi obligación?".

En ninguna institución escolar existen hasta el momento, y posiblemente nunca existan, las asignaturas para aprender a beber y a fumar. Lo que sí existe es la obligación de las lecciones literarias, cuyo propósito es conseguir que los lectores se aficionen a los libros y la lectura. Pero los vicios, y esto parece muy claro, se adquieren por contagio, exactamente como han adquirido el gusto de leer aquellos que ya no pueden imaginar la vida sin la compañía de un libro, y exactamente también (pero más ampliamente) como han adquirido el hábito del alcohol y del tabaco quienes ya no pueden imaginar la existencia sin una copa o sin un cigarrillo entre los labios.

En una cultura que persigue y castiga el vicio ilícito (y conste que beber y fumar es tan lícito como consumir café y cocacola, ver la televisión y navegar en internet), algo bueno deben de tener los placeres prohibidos que hasta con la prohibición (o quizá por eso) resultan extraordinariamente seductores.

En esta correspondencia de fuerzas, entre los materiales impresos sólo la pornografía tiene algún modo de competir con el alcoholismo y el tabaquismo. Y es que, precisamente, la pornografía, así sea legal, circula bajo cuerda o con la seducción de lo clandestino desde el punto de vista social. ¡Qué mejor propaganda puede haber!

No es prohibiendo los libros, por supuesto, como se conseguirá incentivarlos y como se logrará que la lectura sea una buena costumbre, pero sí rompiendo las estructuras de un sistema obligatorio que compensa con muy poco disfrute los deberes relacionados con leer un libro, a grado tal que el disfrute es casi nulo frente a los temibles deberes como escribir un resumen, investigar las fechas de nacimiento y muerte del autor, esbozar el panorama histórico dentro del cual el escritor concibió su obra, resumir la corriente literaria a la que pertenece la obra en cuestión, explicar el género, el tema, el argumento, la génesis, el desarrollo y el desenlace de la historia, y todas las demás cosas que tienen que ver con los personajes principales y secundarios, con la gramática y la retórica, con las fechas y las fichas, toda esa monserga que hace que la lectura de un libro resulte, por lo general, el más horroroso de los placeres y casi nunca el más placentero de los horrores.

Y es que esto último son los vicios, las verdaderas adicciones imposibles de abandonar: el más placentero de los horrores. A los fumadores les pasa, a los alcohólicos también. Si se les terminan los cigarrillos y se les acaba el alcohol, los hay que salen a la calle a deshoras para aprovisionarse y no morir. No conozco a nadie que haga lo mismo con los libros, en parte, por supuesto, porque los libros son infinitos y porque con uno solo que se tenga, en el peor de los casos, es suficiente para estar abastecidos y no morir de inanición.

"A los veinte años yo había leído muchos libros; creo poder decir que a los cuatro de haber llegado a México había leído ya una biblioteca. Y es que una biblioteca lo mismo son diez libros y no lo son un millón". Ésta es una reflexión testimonial de Andrés Henestrosa, que nos obliga a pensar en algo que ha faltado en México para que la adicción al libro y la lectura prosperen: la biblioteca familiar, en la cual diez libros constituyen el principio de una tentación, el arranque de una vocación y la gloriosa oportunidad de caer irremediablemente en un vicio.

Estas bibliotecas se forman con los libros leídos placenteramente, los cuales se conservan por ese recuerdo de goce. Pero mientras la lectura siga siendo oficio de obligación, pocas personas querrán conservar los libros que sean un recordatorio permanente de los fastidios por los que tuvieron que pasar para aprobar un curso.

Para el caso, bien vale concluir este capítulo con una última reflexión que cada quien puede hacer suya, como hacemos nuestras todas las páginas de la literatura que verdaderamente nos apasionan; no hay mejor prueba que ésta para demostrar que un buen vicio, como la lectura, genera otras adicciones incurables: la siempre placentera adicción de citar o, lo que es lo mismo, de integrar a nuestra experiencia aquello que admiramos. Dice Juan José Arreola en *La palabra educación*:

Nadie puede dar en un año un curso de literatura universal y nadie puede tampoco seguirlo con provecho. Más que el conocimiento "científico" de la literatura, debe importar el amor y el entusiasmo por sus obras. En vez de memorizar una larga y compleja historia (cuyos períodos sólo estarán vigentes durante los exámenes), el estudiante debe conocer a fondo diez o doce obras fundamentales. El maestro debe proponerse que el joven se acerque a ellas sin respeto y sin desdén. El maestro debe comunicar su personal deleite de lector, ilustrar el estudio con metáforas, hacer del curso mismo una obra literaria llena de animación y movimiento, de emoción y fantasía. No me importa que me escuchen las autoridades de Educación. Jóvenes maestros y maestras: sálganse del programa y den un poco de lección de humanidad. En el mundo de los fariseos no queremos que los fariseos sigan siendo respetados por los jóvenes.

El precio de la información

Tener mucha información y no saber qué hacer con ella (porque, entre otras cosas, la sola información no basta) es uno de los más elevados precios que pagan quienes no leen libros formativos pero piensan, con ingenua arrogancia, que tampoco necesitan hacerlo porque tienen toda la "documentación" que, para no ignorar nada del mundo, les ofrecen los "medios".

Esto es lo que se ha denominado la *relación trivial con lo real*, es decir, el "estar informados" y, como paradoja, desconocer la realidad social del medio al que se pertenece y tener un absoluto desconocimiento de uno mismo.

Y esto no es excepcional, sino más frecuente de lo que se podría suponer a primera vista. Es condición casi normal de las personas, y asunto que no preocupa a nadie porque el mundo está muy ocupado en privilegiar el "saber" inmediato antes que la formación paulatina, morosa y amorosa del ser humano.

De manera coloquial, el cantante catalán Joan Manuel Serrat describe este fenómeno en una de las irónicas composiciones que integran su álbum *Nadie es perfecto*:

> El vecino de Kundera se parece al mío.
> Si algo tiene destacable nadie lo diría.
> Es un tipo muy correcto que se pasa al día
> ocho horas tecleando un ordenador [...].
> Mi vecino, aquella noche, se metió en la cama
> convencido de tener el mundo controlado,
> seguro de ser un hombre muy bien informado
> respecto de lo que ocurría a su alrededor.

Cierto: nadie es perfecto. Pero la paradoja del asunto es que mucha gente cree que el mejor de los mundos posibles es aquel donde las perfecciones residen en la información, como la panacea para el "éxito", y no en la sensibilidad y en la inteligencia para la alegría de vivir, que son, a fin de cuentas, las dos cosas que orientan y armonizan todo lo que el ser humano adquiere por experiencia y aprendizaje. Dicho aforísticamente: de nada sirve saber algo si eso que sabemos no nos sirve para sentirnos mejor.

Saber cosas es importante, pero habría que saber también si esas cosas que sabemos nos sirven para mejorar la imagen que tenemos de nosotros mismos. El exceso de información inútil crea situaciones que serían cómicas de no ser alarmantes. Lo ha mostrado de manera excelente el escritor y periodista español Juan José Millás en la siguiente imagen, que puede equivaler, en sus tintas, a un sarcástico capricho de Goya:

> Ahora estás empezando el día y un veinticinco por ciento de tu alma está ocupada ya por la publicidad y por las noticias. Esta noche, cuando te acuestes, toda tu vida personal se habrá borrado, diluida en la ficción de acontecimientos externos cuyo conocimiento no te habrá hecho mejor. Aunque tal vez, mientras se te cierran los ojos escuchando el último informativo, puedas pensar unos segundos en ti mismo o en quienes te rodean, y adviertas, como en una revelación, que el precio de saber todo lo que le pasa al mundo es el de no saber lo que te pasa a ti.

Esto es, en efecto, la consecuencia de la sobreinformación inútil: no saber lo que le pasa a uno; ignorar la propia realidad, pero al mismo tiempo estar convencido de que uno anda bien porque no ignora lo que sucede en el planeta y está al tanto de los últimos inventos, de la más avanzada tecnología, de la más sofisticada relación con las máquinas y con las consecuencias y necesidades que despiertan esas máquinas en nuestra relación con el prójimo.

Asombra ver el grado de soledad e indefensión de seres que se mueven como peces en el agua de la sobreinformación, de la obesidad informativa que deforma el sentido de la realidad. Asombra ver que casi todo lo humano les es ajeno, que su relación con la realidad cotidiana es casi nula y que la percepción que tienen de sí mismos es de lo más optimista respecto de la percepción y la valoración que sobre ellos tienen los demás.

Bertrand Russell lo supo: "Lo que los hombres realmente quieren no es el conocimiento sino la certidumbre". Algo así, diría Stephen Vizinczey: no pegar el salto si antes no nos garantizan que caeremos de pie.

Hay quienes creen que mientras más información se tiene, más posibilidades existen de caer de pie. Y sin embargo no saben caer de pie porque, entre otras cosas mínimas, ni siquiera saben cómo resolver un simple problema doméstico que se les convierte en una terrible tragedia.

En este punto habría que recordar lo que dijo Heine respecto de los Grandes Sabios que no sabían atarse las agujetas ni tenían disposición para entregar alegría a las personas que podían amarlos: "El que en su propia vida fue necio, jamás fue sabio".

---

3. Usos y abusos de la lectura

Si a uno le gusta la Eneida, *no hay reproche —comercio cultural aparte— contra el que se dedique indefinidamente a releerla y no vaya más allá. Así hizo cierto amigo de Bernard Shaw, según cuenta éste, que habiendo leído en su mocedad el admirable* Colmillo Blanco *de Jack London, no volvió a leer otro libro en su vida, argumentando que era imposible que se hubiera escrito algo mejor. Razonable postura: quien no ha amado tanto un libro o un cuadro como para desear, aunque no fuese más que por un instante, que no se hubiese escrito o pintado nada más, con el fin de verse por siempre prisionero en ese universo adorado, tiene alma de gacetillero de revista cultural. Porque precisamente lo que se pretende es convencer al doblegado público de que cada nueva obra es "indispensable" y "fundamental".*

FERNANDO SAVATER

Metiendo la cuchara

La mayor parte de los estudios e investigaciones sobre conducta lectora coinciden en una desalentadora conclusión que, por previsible, puede perfectamente intuirse y resumirse en tres afirmaciones que prácticamente no admiten controversia:

1. Estadísticamente, los lectores autónomos son escasos y constituyen una ínfima minoría en una enorme población mundial que, aun siendo alfabetizada, y aun teniendo algún contacto con los libros, no puede denominarse lectora.
2. Existe un analfabetismo cultural (que es algo mucho más que funcional), representado por quienes aun sabiendo decodificar una palabra, una frase, una oración, un párrafo, una página, al mismo tiempo no sólo carecen del hábito de leer sino que, además, no creen que la lectura cotidiana de libros constituya una experiencia digna de disfrutarse.
3. Estas personas pueden ser —y de hecho lo son— universitarias; muchas de ellas, con carreras humanísticas (incluso con doctorados y posdoctorados), y sin embargo no les interesa leer por iniciativa propia ni tienen un comercio estrecho con los libros (los libros o fragmentos de libros que leyeron o leen en la universidad no tienen otro propósito que su titulación).

En *Los demasiados libros*, Gabriel Zaid nos amplía la visión respecto a este problema cuando señala:

> Hay millones de personas con estudios universitarios. Por mal que estén económicamente, pertenecen a la capa superior de la población. Pues bien, estos millones de personas superiores en educación y en ingresos, no dan mercado para más de dos o tres mil ejemplares por título, o mucho menos. Y si las masas universitarias compran pocos libros, ¿para qué hablar de masas pobres, analfabetismo, poco poder adquisitivo, precios excesivos? El problema del libro

> no está en los millones de pobres que no saben leer y escribir, sino en los millones de universitarios que no quieren leer, sino escribir.

Estas desencantadas conclusiones, más los números rojos de las estadísticas, acaban por sumirnos en un profundo desaliento, pues, volviendo a Zaid, "si todos los que quieren ser leídos leyeran, habría un auge nunca visto", pero ello no es así porque "los graduados universitarios tienen más interés en publicar libros que en leerlos".

¿Cómo se explica esta aparente incongruencia? Se explica con una lógica y una realidad apabullantes. Concluye el autor de *Los demasiados libros*:

> Publicar es parte de los trámites normales en una carrera académica o burocrática. Es como redactar expedientes y formularios debidamente llenados para concursar. Nada tiene que ver con leer y escribir. Leer es difícil, quita tiempo a la carrera y no permite ganar puntos más que en la bibliografía citable. Publicar sirve para hacer méritos. Leer no sirve para nada: es un vicio, una felicidad.

En el extremo opuesto de la sinceridad realista e inteligente de Zaid, no faltan los bienintencionados de nobles ideales que, a través de un ejercicio apasionado y devastador de autocrítica cultural, como es previsible se avergüenzan de vivir en naciones de bajos ingresos y alta inseguridad social con tan paupérrimo índice de lectura, ignorando o soslayando que en todo el mundo los lectores de libros son escasos, y los lectores irredentos, más escasos aún. Siendo así, no debería sorprendernos que, en lo referente a las bibliotecas públicas mexicanas, un usuario no corresponda siempre, ni remotamente, a un lector, y menos todavía a un lector asiduo.

Leer no es un ejercicio muy popular en el mundo, y leer libros sin consigna de utilidad es todavía más impopular, lo mismo en México que en España, Francia o Dinamarca, con la única diferencia de que en los países ricos la población culta es más amplia, el tiempo de ocio más prolongado y mejor invertido, y la tradición editorial y literaria más respetada y estimada.

Para los países ricos, y cultos, las estadísticas de lectura hablan de veinte, veinticinco y acaso treinta o más libros anuales por ciudadano en promedio, a diferencia de países como México, con apenas cinco libros o tal vez menos, dicen alarmados los alarmistas. Lo que no se aclara, casi nunca, es el mágico y equívoco mecanismo con el que funcionan las estadísticas y que puede sintetizarse del siguiente modo: si un hombre se ha comido un pollo y otro no ha comido nada, para la magia estadística cada individuo se ha comido medio pollo.

En países como México, la fantasiosa estadística oficial (Encuesta Nacional de Lectura y Escritura 2015) les atribuye 5.3 libros per cápita al año a personas que nunca han leído no ya digamos el tercio de un libro, sino ni siquiera un tercio de página de los títulos que se recomiendan como "aceptados" en el rango de los "buenos libros".

En cualquier nación del mundo, un lector asiduo es aquel que posee un gusto perfectamente formado y que, aunque puede hacer uso frecuente y experto de la biblioteca pública, por lo general obtiene la mayor parte de sus materiales de lectura mediante la compra directa de libros, revistas y diarios en librerías y puestos de periódicos.

De ahí que en México, por ejemplo, los lectores asiduos no constituyan el grueso de los usuarios de las bibliotecas públicas, que en más de un 70% está conformado por escolares de todos los niveles que acuden a ellas a solucionar problemas prácticos relacionados con las tareas. De este modo, la biblioteca es para ellos un lugar necesario y útil, pero no siempre un espacio ameno o divertido, mucho menos apasionante.

En cuanto a las categorías por edad de los usuarios de bibliotecas públicas, la mayor parte está constituida por niños, adolescentes y jóvenes, todos ellos escolares de los niveles básico, secundario y medio superior. Una proporción importante de los usuarios de bibliotecas públicas en México oscila entre los cinco y los 22 años de edad, y acude a estos centros para resolver los deberes estrechamente vinculados a la escuela. En este sentido, es mínima la proporción de quienes, yendo más allá de la categoría de usuarios, se entregan, por placer y por interés personal y soberano, a un ejercicio de lectura sin vínculo alguno con las exigencias específicas de la institución escolar.

No es ningún secreto que, desde sus orígenes, las bibliotecas públicas han sido el sustituto de las muy escasas o precarias bibliotecas escolares que aún hoy —cada vez menos escasas y menos precarias— están muy lejos de ser los deseables ámbitos relajados para el ejercicio lúdico de la lectura, pues la escuela no ha fomentado hasta ahora, de modo satisfactorio, el ejercicio libre, regalado y extracurricular de la lectura, impidiendo con ello el desarrollo de un mecanismo eficaz para que niños, adolescentes y jóvenes sean, además de usuarios, lectores asiduos (y con ello mejores usuarios) de las bibliotecas. Mientras las bibliotecas escolares y de aula estén ancladas al "programa escolar" (y cada día lo están más), serán bibliotecas de tareas y no bibliotecas de lectura.

En un exceso de meritocracia, la escolarización ha desdeñado el conocimiento extracurricular a través de un esquema de calificaciones que no sabe cómo premiar la inclinación autodidacta. De este modo, en una sutil práctica de descalificación, a la lectura se le opone el estudio, como si ambos esfuerzos no fueran esencialmente complementarios.

Existe, además, una obvia confusión entre los conceptos de estudiar (para prepararse) y leer (para regalarse). Hace algunos años, para mostrar su apoyo a las campañas en favor del "hábito de la lectura", a un entrenador de futbol no se le ocurrió nada mejor que declarar que, para ser aceptados en el equipo (los Pumas de la UNAM) los que desearan ser parte de la organización debían estudiar y prepararse por medio de los libros. "¡A leer todos —dijo—, si quieren jugar en este equipo!".

Pero una buena campaña para fomentar el libro no se trata de esto. El estudio y la preparación escolar nada tienen que ver con la lectura desinteresada, y condicionar otros placeres (por ejemplo, el futbol) al ejercicio de leer es una de las formas infalibles de hacer fracasar el auténtico gusto por la lectura. Mucha gente sigue confundiendo los verbos *leer* y *estudiar.*

En *La sociedad desescolarizada*, Ivan Illich ha hecho notar que el aprendizaje es la actividad humana que menos manipulación de terceros necesita, aunque el pensamiento escolarizado a ultranza crea lo contrario y vea con profunda desconfianza, e incluso con desaprobación, el conocimiento autodidacto: "Una vez que se ha desacreditado al hombre o a la mujer autodidactos, toda actividad no profesional se hace sospechosa". "La mayor parte del aprendizaje —añade— no es la consecuencia de una instrucción. Es más bien el resultado de una participación no estorbada en un entorno significativo. La mayoría de la gente aprende mejor 'metiendo la cuchara'".

La prueba más fehaciente de lo que dice Illich la ha dado, a lo largo de los siglos, la herencia de los oficios familiares, en donde el hijo se vuelve aprendiz y luego maestro del oficio con sólo ver a su padre, e incluso puede llegar a superarlo en ese dominio al agregarle su propia imaginación o algún elemento propio hasta entonces ignorado.

Otra prueba de ello tendría que remitirnos a la emulación natural de los hijos que provienen de hogares donde la lectura es un hecho natural y cotidiano. El oficio de leer es un aprendizaje que puede ser tan natural como sumarse a una conversación, a un "diálogo con las personas de su ambiente", precisamente "metiendo la cuchara".

En defensa de los no lectores

En un mundo que privilegia las imágenes de los medios electrónicos y que traslada la importancia de las noticias a quienes les dan lectura o las comentan para el público, al punto de convertirse ellos mismos en los protagonistas, para la mayoría de la gente puede resultar incomprensible que la lectura anónima y en soledad de libros, revistas, periódicos y demás publicaciones tenga algún sentido, no ya digamos lúdico, sino tan sólo práctico.

Leer es un ejercicio que conlleva un esfuerzo, una disposición y, aunque no quiera aceptarse, cierta inclinación de la sensibilidad. Igual que escribir. Igual que bailar. Igual que dibujar. Igual que el oficio que usted quiera, en la mayoría de los cuales todos somos más o menos analfabetos, es decir, más o menos no practicantes. Daniel Pennac lo ha visto con mucho tino:

> Estamos rodeados de cantidad de personas totalmente respetables, a veces tituladas, e incluso "eminentes" —algunas de las cuales poseen bibliotecas muy interesantes—, pero que no leen jamás, o tan poco que nunca se nos ocurriría la idea de regalarles un libro. No leen. Sea porque no sienten la necesidad, sea porque tienen demasiadas cosas que hacer aparte de leer (pero eso equivale a lo mismo, es que ese aparte las colma o las obnubila), sea porque alimentan otro amor y lo viven de una manera absolutamente exclusiva. En suma, a esas personas no les gusta leer. No por ello son menos tratables, e incluso son de un trato muy agradable (por lo menos no nos piden en cualquier momento nuestra opinión sobre el último libro que hemos leído, nos evitan sus reservas irónicas sobre nuestro novelista favorito y no nos consideran unos retrasados por no habernos precipitado sobre el último Tal, que acaba de salir de la editorial Cual y del que el crítico Enterado ha hecho los mayores elogios). Son tan "humanas" como nosotros, absolutamente sensibles a las desdichas del mundo, preocupadas de los "derechos del Hombre" y entregadas a respetarlo en su esfera de influencia personal, lo que ya es mucho, pero hete aquí que no leen. Son muy libres de no hacerlo.

Una de las calamidades de nuestro tiempo es el esnobismo (pecado del intelecto), porque en realidad a la gente no le preocupa tanto la capacidad sensible como la reputación. Hay que reconocerlo, en el medio cultural el problema de la gente es cuidar su reputación, su prestigio. Y en el medio de la literatura, nada mejor para el prestigio que decir que se vive para leer las 24 horas del día, como esas personas que aseguran que el ritmo ideal de lectura es un libro completo, religiosamente, todos los días. (¡Sí, hay locos que lo dicen!)

Nos aferramos a las formas que marca el convencionalismo de la cultura. Hacemos demasiado caso a los chantajes de "lo que está bien" o de lo que algunos (que tienen influencia en los medios) dicen que está bien.

A diferencia de los inocentes, vivimos desesperados por los estándares, y de esta forma interesa más la cantidad que la calidad. Es así como se explican los números, las cifras, los índices de lectura, cuando lo verdaderamente importante es cómo nos transforma la lectura, cómo nos modifica (en nuestra inteligencia y sensibilidad), y no cuánto acumulamos para andar por el mundo (desnudos de razón y de emoción), anteponiendo a todo el monto de los títulos que hemos "devorado".

Digámoslo sin ambages: ni la inteligencia ni la capacidad sensible deben medirse por la cantidad de libros que se han leído o que se han dejado de leer. Contra lo que se piense, la sensibilidad no es acumulativa, la inteligencia no se desarrolla por la suma de las miles de páginas que se decodifican sin más. Schopenhauer se reía de esta pretensión cómica del esnobismo de los intelectuales, y exclamaba: "¡Qué poco tienen que haber pensado para poder haber leído tanto!".

Nunca será inútil repetir, cuantas veces sea necesario, la frase de Gabriel Zaid, todo un apotegma, acerca de este tema tan llevado y traído y tan poco comprendido: "¿Qué demonios importa si uno es culto, está al día o ha leído todos los libros? Lo que importa es cómo se anda, cómo se ve, cómo se actúa, después de leer. Si la calle y las nubes y la existencia de los otros tienen algo que decirnos. Si leer nos hace, físicamente, más reales".

No se puede dudar de los beneficios y las virtudes del libro, a condición de que tampoco se menosprecie o se violente a los no lectores. Nunca será suficiente elogiar la lectura, a condición de que también se entienda que todo es relativo. ¿Son los lectores, por el hecho de serlo, *mejores personas* que los no lectores? Todos los días conocemos a individuos informados, lectores asiduos y aun eruditos con quienes no quisiéramos compartir, no ya digamos la mesa y la conversación, sino ni siquiera un momento de cercanía.

¿Cómo poner en duda la capacidad humanitaria y humanista del libro y, en general, de la cultura, su capacidad para transformar el pensamiento y el sentimiento de la gente? Está bien, no lo dudemos. Pero tampoco olvidemos que todo es relativo. La música, la pintura, la literatura, ¿hicieron mejor ser humano a Hitler? En contrapartida, la ignorancia de estas manifestaciones ¿hubiera podido hacerlo peor? Obviamente, son preguntas retóricas que únicamente contestarían con certidumbre obstinada quienes mil veces prefieren tener razón que ser razonables.

Estadísticas de lectura

Lo sabemos hoy, pero antes lo supieron los grandes pensadores de la Antigüedad clásica: lo que la mayor parte de los seres humanos buscan es el consuelo, no la verdad. De este conocimiento se han aprovechado, a lo largo de la historia, todos los poderes y los poderosos para manipular eso que parece ser lo verídico, aunque no necesariamente lo sea.

Desde hace bastante tiempo, una de las formas más exitosas de esa manipulación ha sido la de las estadísticas, pues, como dijo un cínico, con las estadísticas se puede probar cualquier cosa, incluso la verdad. Y la verdad —lo dijo Ambrose Bierce en su *Diccionario del Diablo*— es esa "mezcla ingeniosa de los deseos de uno y la apariencia de las cosas".

Lo cierto es que las estadísticas casi siempre revelan lo que se desea probar, pero invariablemente ocultan lo esencial. Pocas fantasías tan solicitadas como el consuelo del *rating*, y pocas herramientas más útiles que la estadística para tergiversar y mistificar.

En los tiempos de la mercadotecnia y el éxito total, podemos dudar del sentimiento, de las certezas personales, de las convicciones íntimas, pero creemos en las estadísticas con fanatismo religioso. No olvidemos que fue Borges quien dijo: "Me sé del todo indigno de opinar en materia política, pero tal vez me sea perdonado añadir que descreo de la democracia, ese curioso abuso de la estadística".

Desde luego, Borges fue demasiado optimista: esa opinión nadie se la perdonó. No por su escepticismo hacia las estadísticas, sino por el hecho de descreer de la democracia. Las estadísticas siguen viento en popa, y de la democracia muy pocos se atreven a decir que desconfían, porque entonces vienen los militares, como en Argentina, y hacen que uno desee, aunque sea, la peor de todas las democracias posibles.

En tiempos en los que manda el *rating*, las estadísticas parecen ser las tablas de la ley, el conocimiento revelado. Creemos en las estadísticas de lectura, pero hay cosas que nunca nos preguntamos y que las estadísticas no resuelven. Por ejemplo, ¿cuántos y cuáles libros se necesitan para ser considerado lector? ¿Basta, por ejemplo —es un decir—, haber leído el centenar de títulos que Cyril Connolly recomienda en su librito *Cien libros clave del movimiento moderno, 1880-1950*?

Connolly recomienda leer a Henry James, Flaubert, Baudelaire, Mallarmé, Maupassant, Huysmans, Gide, Forster, Proust, Joyce, Pound, Huxley, Woolf, Eliot, dentro de un centenar entre quienes se encuentran, sin embargo, algunos autores que fueron importantes en los tiempos de Connolly pero que a uno hoy en día jamás se le ocurriría leer. Y para decirlo pronto, ¿quién lee hoy a Connolly?

Las estadísticas pueden probar lo que cada quien desee, pero sin duda son incapaces de modificar la realidad. El buen Chamfort, con su devastador sarcasmo, dijo en el siglo XVIII, nada más por poner un ejemplo paradójico: "París, ciudad de diversiones, de placeres, etc., donde cuatro quintas partes de los habitantes mueren de tristeza". Ello para ilustrar que las verdades que no nos atrevemos a aceptar nos pueden entregar las más altas lecciones de sabiduría.

Y esto es así. La mayor parte de los campos específicos o especializados engendran sus paradojas dramáticas, patéticas o cómicas. En el medio cultural hay seres que dicen leer, o leer mucho, y uno está dispuesto a creerles, aunque sea imperceptible la integración a su vida de todo eso que dicen leer en grandes cantidades. Peor aún: cuando citan o enumeran a los muchos escritores que han leído, no saben siquiera la ortografía de sus nombres y apellidos, no ya digamos los rusos, que es asunto aparte, sino Flaubert, Eco, Yourcenar, Joyce, Proust, Hemingway. Y si no saben redactar una frase sencilla, qué decir de elaborar una ficha bibliográfica, de carácter técnico.

A leer y a escribir se aprende leyendo y escribiendo. Pero hay quienes cuentan sus historias de lectura (de mucha lectura, de ávida lectura) con tantas faltas de ortografía, con tantas incapacidades de redacción, con tanta carencia de recursos literarios, que el asunto no puede ser más cómico que cuando todo esto se remata con una cita en inglés, alemán o francés. Lo otro está escrito en español, pero no parece ningún idioma comprensible.

Ésta es la muy triste realidad que no atinan a explicar las estadísticas.

Lamentos editoriales

A raíz del fracaso estrepitoso y el cierre en España de BOL, una empresa del grupo alemán Bertelsmann dedicada a la venta de libros por internet, en ese país —donde todos creíamos que se lee mucho— surgieron los mismos lamentos que se oyen todos los días en México: que en España se leen pocos libros, es decir, que las estadísticas de lectura son deprimentes, y que a ello se suma el hecho de que, en cuestiones de tecnologías electrónicas, el usuario español es inexperto.

¿Por qué son tan parecidos los lamentos editoriales de España y México, a pesar de que el desarrollo de las industrias del libro en cada país sea tan diferente? Porque las quejas que se fundamentan en las estadísticas son sin duda universales. Hay lamentadores profesionales en todas partes, convencidos profundamente de que el problema del libro y la lectura está en las masas y no en los propios ámbitos "cultos" y "educados" en donde se asegura tener al libro como herramienta principalísima.

Culpar a las masas por todo aquello que dejan de leer "explica" un problema que ha sido inventado por los mismos que quieren vender libros como si fueran entradas para el futbol. Es ilógico y además absurdo.

Un editor español ha querido explicar el fracaso de la librería virtual en España del siguiente modo: "Este país tiene obsesión por las manifestaciones artísticas y deportivas colectivas (toros, teatro, futbol, etc.), pero la lectura no es un entretenimiento muy español".

Habría que explicarle que leer tampoco es un entretenimiento muy mexicano, y tendríamos que decirle, también, que tal característica no es privativa de España: que los alemanes, los franceses, los italianos, los ingleses, los argentinos y los que usted quiera se vuelven locos por un boleto de futbol y, por supuesto, pueden ignorar, a lo largo de toda su vida, cómo es una librería por dentro.

Si esto sucede así, ¿por qué tendrían que ingresar a internet para comprar libros? Entrarían, en todo caso, para ver las páginas oficiales de sus equipos o para enviar mensajes atemorizantes a sus adversarios. Esto pasa en México y en España, y sucede también en los países más cultos del orbe. Y es que las estadísticas sirven para "explicar" muchas cosas, pero son incapaces de esclarecer lo principal.

Italia e Inglaterra, países cultísimos, tienen aficiones futboleras que se desquician literalmente por este deporte. Y es absurdo suponer que esos mismos son los que elevan los índices de compra y de lectura en las industrias editoriales italianas e inglesas. No todos los italianos son Umberto Eco ni todos los ingleses Anthony Burgess.

Respecto a los usos de internet, los expertos españoles se quejan amargamente de que en ese país los usuarios lo primero que hacen al conectarse es "probar el correo electrónico, luego entrar a los chats, visitar páginas porno, y solo cuando llevan muchas horas de navegación y adquieren confianza se plantean que pueden ahorrarse tiempo comprando por la web". Suponemos que éste es el orden de intereses: primero el correo electrónico, después los chats y luego las páginas porno. Pero si esto es así, cuando se planteen comprar algo por la web, no serán precisamente libros de Shakespeare o de Pérez Galdós.

En conclusión, muchos profesionales del libro, y entre ellos algunos editores, siguen sin entender, aunque ya lo haya explicado claramente Gabriel Zaid en *Los demasiados libros* —que también se publicó en España y que fue finalista del Premio Anagrama de Ensayo—: "El problema del libro no está en los millones de pobres que apenas saben leer y escribir, sino en los millones de universitarios que no quieren leer, sino escribir".

Y si quieren que las estadísticas les digan más, que pregunten cuántos universitarios de los que acuden con pancartas, banderas y cornetas al derbi Barcelona-Real Madrid han leído en los últimos años algún libro que no tuviese que ver con su carrera de médicos, abogados, economistas, lingüistas y —¿por qué se asombra?— licenciados, maestros y doctores en Literatura. Las estadísticas les darían divertidísimas sorpresas.

El desprecio del conocimiento extracurricular

En su libro *Nuevos acercamientos a los jóvenes y la lectura*, Michèle Petit refiere que "en Francia, los niños cuya madre les ha contado una historia cada noche tienen dos veces más posibilidades de convertirse en lectores asiduos que los que prácticamente nunca escucharon una".

Añade que "lo que atrae la atención del niño es el interés profundo que sienten los adultos por los libros, su deseo real, su placer real". Y esta observación que hace Petit para Francia es válida sin duda para cualquier país. No es un ejemplo exclusivo; es una consecuencia universal.

La estimulación temprana de la lectura, que tendría que generarse en los ambientes de la familia y de la escuela básica, resulta muy reducida, cuando no inexistente, por el hecho simple de que tanto padres de familia como profesores comparten la misma problemática de una sociedad que no ha privilegiado y ni siquiera incentivado la lectura porque, con un concepto utilitario, la ha considerado una pérdida de tiempo y una desviación de los deberes y los asuntos relevantes.

El usuario utilitarista de la biblioteca pública es el que más abunda, en contraste con el lector por placer. Pero este usuario es la consecuencia lógica de un sistema que, independientemente de hipócritas discursos, a lo largo de la historia ha considerado la adicción a la lectura sin otro propósito que el disfrute, como un elemento perturbador, e incluso disociador, que no fortalece el desarrollo disciplinado y sí, por el contrario, propicia la rebeldía y el espíritu impugnador.

Más allá del discurso que sostiene que leer sirve para "superarse", la mayor parte de los profesores y los padres de familia, que provienen de una educación que lejos de respetar la lectura la desdeña, no están convencidos de que leer sea importante si, por principio de cuentas, dicha práctica está fuera del sistema de valores cuantificados e institucionalizados y no sirve para el reconocimiento de calificaciones, certificaciones y diplomas en el esquema curricular.

Desde esta visión precaria y con este convencimiento utilitarista, leer por placer y para asimilar conocimientos no dirigidos puede ser considerado un signo de desorden y anarquía, de indocilidad y falta de responsabilidad ante las tareas urgentes e importantes, de ausencia de aspiraciones y ambiciones trascendentes y hasta de franca negligencia para comprender que hay cosas más importantes en la vida que el trivial acto de leer cuando este ejercicio no ha sido disparado por un mecanismo de utilidad práctica y de aplicación inmediata.

Por lo demás, cuando el discurso utilitarista elogia los beneficios de la lectura (o, sería más exacto decir, de la consulta de los libros) y afirma que la adquisición de conocimientos es fundamental para el éxito profesional y social, puede muy fácilmente conducir a la frustración, pues la realidad acaba aportándole a este tipo de visión su falso prestigio: es bien sabido que para tener dinero y éxito en la vida no es necesario leer libros, e incluso hay quienes presumen de no haber necesitado los libros para ser prósperos comerciantes, prósperos banqueros, prósperos industriales o, lo que es más sintomático y más probatorio, prósperos políticos y gobernantes.

Una de las urgencias del sistema educativo es trabajar en un esquema más dúctil, menos rígido, más noble, para que los estudiantes, sin mecanismos coercitivos, por contagio del entusiasmo y casi sin darse cuenta, se vuelvan también lectores, dando reconocimiento y prestigio al enorme potencial del saber extracurricular. Sólo así podrá facilitarse la tarea de lograr, por ejemplo, que los usuarios de bibliotecas públicas sean, además, lectores, o, todavía mejor, que los verdaderos lectores sean también usuarios de las bibliotecas públicas.

Las investigaciones en torno a la conducta lectora en niños, adolescentes y jóvenes en bibliotecas públicas han servido sobre todo para probar una realidad que ya suponíamos: la lectura por la lectura misma carece del prestigio social que hace que otras prácticas que hallan su confirmación en el éxito curricular sean mayormente aceptadas. La lectura por la lectura misma suele relacionarse con la indolencia, la pereza, la proclividad a la holgazanería, y en esta visión han coincidido lo mismo nuestros padres que nuestros maestros, siempre bienintencionados, a quienes, se supone, deberíamos agradecer por habernos salvado de caer en la tentación de tan irremediable vicio.

Las buenas intenciones de la pedagogía al uso y las no menos buenas intenciones de la mayor parte de los adultos, entre quienes destacan nuestros padres, han querido salvarnos de la perdición, de la indolencia y del fracaso social y profesional llamándonos la atención cada vez que nos han sorprendido embebidos, enajenados, perdidos, insomnes leyendo, cuando consideraban que había tantas ocupaciones serias y trascendentes para nuestro éxito profesional que dejábamos pasar por culpa de perder el tiempo en lecturas irrelevantes cuando no peligrosas.

La seducción inesperada

Pongámonos de acuerdo. Convengamos en pensar y decir que quienes no leen se pierden de un mundo extraordinario. Pero todos los mundos son extraordinarios si para cada uno así resultan ser al vivir en ellos.

Hay analfabetos cinematográficos, analfabetos musicales, analfabetos de la danza o de la pintura, y hay también los abundantes abstemios de todo placer que no sea ver la televisión y comer papas fritas. Hay otros abstemios del placer, por ejemplo, entre los eruditos: aquellos que sin más nos dicen que no leen libros para gozar sino para estudiar, aprender y acumular información y conocimientos que les serán muy útiles para abrirse paso en el ámbito laboral académico. Y esto es lo que transmiten por lo general a sus alumnos, que, sin ser eruditos, también los imitan en su falta de pasión y en su ausencia de apetito hedonista.

Cada quien su vida, cada quien su goce y cada quien su abstinencia, pero la siguiente anécdota que relata Stephen Vizinczey en *Verdad y mentiras en la literatura* es más que ilustrativa para el caso:

> Hace unos años vino una estudiante a verme a Londres: estaba licenciándose en Literatura Inglesa en Oxford. Mencionó un libro y yo le pregunté si le había gustado. Poniéndose muy derecha, dijo con orgullo: "¡No leo para

> sacar gusto, leo para evaluar!". Me temo que es típica de la educación universitaria y del género de expertos literarios que ésta produce: aman a los libros como los niños mimados aman a los criados: porque pueden sentirse superiores a ellos. Extraen su disfrute no de la literatura, sino de la emisión de su juicio, del poder.

Para que el libro y la lectura sean realmente cercanos a nuestra vida tenemos que encontrarlos gratos. Demasiada insistencia en sus valores prácticos sólo ha dado lugar a estudiantes de Literatura como la de Oxford. Por otro lado, una excesiva insistencia en el placer que los libros prometen hace sospechar a cualquiera con un poco de sentido común que algo en ese bienintencionado discurso no está funcionando. Por principio de cuentas, es absurdo. ¿Por qué nos dicen, por ejemplo, que leer es divertidísimo? En contrapartida, ¿quién necesita convencernos, si somos fanáticos del futbol, de que jugar y ver los partidos es divertidísimo? ¿Por qué a nadie se le ha ocurrido promocionar el carácter divertido de perder el tiempo? Sencillamente porque sería absurdo; esto lo sabe cualquiera, y si se lo dicen y se lo repiten, le resulta una tontería.

La seducción del libro llega por lo general inesperadamente. Cualquier día, como no queriendo la cosa, unas páginas nos sorprenden y nos interesamos en ellas, porque llegan justo en el momento de nuestra mejor disposición. Y es falso a todas luces que no haya libro malo. Hay libros horrorosos, repugnantes o simplemente aburridos que nos sumen en el más absoluto sopor y por los cuales cualquier persona de buen juicio y sensibilidad tendrá motivos para aborrecer la lectura.

Una especie de propaganda contranatural ha introducido en el entendimiento humano que leer es un fin en sí mismo y, además, un fin grandioso. Schopenhauer era más humilde y más certero al respecto: "Ahuyentar los propios pensamientos originales para abrir un libro es un pecado contra el Espíritu Santo. Nos parecemos entonces a quien huye del campo y del aire libre para hojear un herbario o para contemplar bellos paisajes en un grabado".

Los libros y la lectura en general adquieren sentido en nuestra vida si se integran a lo que para cada uno de nosotros es necesario. Y hay tantas cosas para uno necesarias que a otros les parecen inútiles, entre ellas el libro, que hay que evitar sermones y homilías. Más bien hay que disfrutar eso que nos seduce, el libro y la lectura, por ejemplo, y quizá, por pura curiosidad, algunos no lectores se acercarán a nuestro vicio y lo harán suyo. De otro modo tendremos que padecer, y parecernos, a todos los pedantes del mundo que de veras se creen *superiores* nada más porque leen libros.

Descifrar la propia experiencia

Si alguien les dice que el principal propósito que tiene el ejercicio de la lectura es adquirir información, no le crean. La información es importante para estar informados; verdad de Perogrullo que no admite discusión. Pero la lectura, en la mejor de sus posibilidades, y de acuerdo con nuestra libre disposición como seres humanos, confiere a nuestras vidas algo más que información: nos entrega, sin que lo notemos, educación y cultura; puede aguzar nuestra sensibilidad y alertar nuestra inteligencia, y en una profundidad y en una grandeza que no podemos medir (para las estadísticas), es capaz de transformarnos en seres a un mismo tiempo racionalistas y apasionados.

En su peor aplicación de soberbia intelectualista, la lectura puede también sembrar en el lector el abominable sentimiento ario de "superioridad" sobre los no lectores. Pero en la materia que sea, un lector con sensibilidad, si realmente tiene interés por lo que lee, desarrolla su emoción y obtiene algo más que la simple información, por muy necesaria que ésta sea. Y no se trata aquí de la cantidad de libros leídos, sino de lo decisiva que haya sido la experiencia de leer, lo mismo uno que cien libros.

Michèle Petit advierte que "leer permite al lector, en ocasiones, descifrar su propia experiencia. Es el texto el que 'lee' al lector, en cierto modo el que lo revela; es el texto el que sabe mucho de él, de las regiones de él que no sabía nombrar. Las palabras del texto constituyen al lector, lo suscitan". Y respecto a lo que se aprende en los libros, para un fin utilitario o práctico, Petit señala que "la lectura es ya en sí un medio para tener acceso al saber, a los conocimientos formalizados, y por eso mismo puede modificar las líneas de nuestro destino escolar, profesional, social".

En *La palabra educación*, de Juan José Arreola, éste llama nuestra atención a propósito de algo que deberíamos saber pero que con mucha frecuencia ignoramos o pasamos por alto:

> La cultura consiste en ponerse uno en el espíritu lo que le pertenece, aunque no lo haya pensado. Hay poemas enteros que los siento totalmente míos porque me dicen a mí

> mismo, me ayudan a saber quién soy; cuando los recito parece que yo los estuviera componiendo porque los vivo. La cultura es auténtica cuando revive en nosotros.

Por otra parte, en *Verdad y mentiras en la literatura*, Stephen Vizinczey nos dice algo todavía más concluyente al respecto:

> Leer es un acto creativo, un continuo ejercicio de la imaginación que presta carne, sentimiento y color a las palabras muertas de la página; tenemos que recurrir a la experiencia de todos nuestros sentidos para crear un mundo en nuestra mente, y no podemos hacerlo sin involucrar a nuestro subconsciente y desnudar nuestro ego.

Dicho de otro modo, leer no es un acto inocuo. La lectura es algo más que buscar respuestas inmediatas para solucionar dudas pasajeras. La lectura verdadera va más allá de la consulta ocasional y nos conduce, a la larga, a tener más respuestas que las que presuponíamos cuando fuimos al estante únicamente para obtener y transcribir información. La lectura, en su concepción más humilde y sincera —sin poses esnobs de erudición ni aires de superioridad—, puede formarnos y transformarnos, mientras que la simple y directa información (estamos pensando, desde luego, en la que ponen a nuestro alcance los medios electrónicos) muchas veces lo único que hace es deformarnos.

En su magnífica propuesta *Por una ley del libro*, Gabriel Zaid ha insistido en la necesidad de que la escuela propicie y no desaliente la lectura por placer. Por lo que toca al uso práctico, en uno de los artículos de lo que él llama "un borrador de criterios para invitar a la discusión pública" pronostica que, con su propuesta, "la enseñanza primaria formará lectores de libros que sepan cuando menos acudir a una biblioteca, escoger un libro, leerlo, cuidarlo, escribir un resumen y devolverlo, así como consultar un diccionario y un directorio telefónico".

Lo que nos señala este inteligente crítico de la sociedad es que uno de los primeros pasos para convertir al libro y la lectura en asuntos importantes para la vida consiste en reconocer que, por ejemplo, el sistema educativo mexicano no ha sido muy afecto a promoverlos. Reconocerlo al menos sitúa el problema.

No deja de ser una incongruencia el hecho de que las escuelas tengan hoy un espacio y un tiempo principalísimos para que los niños se adiestren en las computadoras y para que en un futuro se vuelvan expertos en informática, pero en cambio no cuenten con un espacio y un tiempo similares para ejercitarse en los libros y, con la práctica habitual, si así lo desean, volverse sencillamente lectores, más allá de que sea para veinte, cincuenta o cien libros a lo largo de su vida, pues no es la estadística la que probará que dicho ejercicio les haya servido, sino la integración a su vida de una experiencia inédita, experiencia que muchas veces se contagia con un animador entusiasta que sepa leer en voz alta y despertar en los demás el placer desinteresado.

Si se alfabetiza a los niños en el uso de los medios digitales, es importante también, y por principio de cuentas, que se los alfabetice en la función de la lectura, pues, tal como ha advertido Gabriel Zaid,

> ni las computadoras más veloces dan la perspectiva de conjunto que puede dar el registro rápido de un libro, con la

misma facilidad. Uno se impacienta, explorando los archivos de una computadora: no es tan fácil hojear el contenido [...]. En un libro, se busca y se encuentra más fácilmente. Lo cual resulta irónico, después de celebrar la superación de la "escritura lineal" (Marshall McLuhan). Nada requiere más "lectura lineal" que la televisión, las cintas y los discos. A diferencia de los libros (y de los cuadros), no admiten el vistazo global. Son un retroceso a los rollos antiguos, como los del Mar Muerto, que, para ser leídos, tenían que ir pasando de un carrete a otro. Pero lo más irónico de todo es ver que las maravillas electrónicas se venden con un instructivo impreso. Ningún libro se vende con instructivos electrónicos que faciliten su lectura.

Es abrumadoramente común la falsa creencia de que los libros son importantes en la medida en que podamos aplicar de un modo inmediato las enseñanzas de sus páginas. En realidad, hay libros informativos (muchos de ellos de los llamados *de texto*) que nos entregan soluciones prontas a problemas específicos; pero el mayor beneficio de los libros no es la inmediatez, sino la formación paulatina que no sólo nos resuelve un problema particular sino que puede enseñarnos a vivir mejor y nos ofrece la posibilidad de reconciliarnos con nuestra realidad y nuestra fantasía. Así de simple, pero también así de complejo.

La lectura, la simple lectura, la peligrosa lectura, sólo tiene posibilidades de hacernos "mejores personas" si se vuelve una adicción feliz que no niegue nuestras demás potencias o que no nos segregue del mundo real. Cualquier otro propósito parásito, como ver en ella el fundamento de una supuesta superioridad con respecto a los no lectores, será prueba fehaciente de que ni siquiera se ha tenido la sensibilidad para comprender que la lectura no se reduce a un concurso de habilidades decodificadoras y capacidades acumulativas.

En vez de la lectura informativa, para solucionar una tarea inmediata, la lectura formativa, la lectura morosa, y amorosa, que no sirve aparentemente para nada pero que puede transformarnos y conferir mayor sentido a nuestra realidad e imaginación. Y, desde luego, no únicamente libros de ficción literaria, sino de todas las materias (filosofía, psicología, religión, astronomía, matemáticas, geografía, historia, etcétera) que enriquecen el mundo ante nuestros ojos y nos hacen más reales.

Olvidamos lo inmediato, lo que llegó a nuestra mente para resolver una tarea escolar y conseguir una buena calificación, pero retenemos en lo más hondo de nuestra conciencia y nuestra emoción las imágenes, los sentimientos, los saberes que llegaron a nosotros a través de la lectura placentera que nos abrió universos insospechados, mundos ignorados, y que le dio sentido a la existencia y se lo sigue dando más allá de la lectura. Como bien se ha dicho, cultura es todo aquello que permanece en lo más profundo de nuestra experiencia una vez que hemos olvidado todo lo leído.

Como aquí se ha propuesto, las bibliotecas públicas deben modificar sus funciones para lograr que niños, adolescentes y jóvenes sean lectores por placer y no únicamente usuarios de lo inmediato. Pero este cambio no puede asumirse, por sí solo, desde las bibliotecas. Es un cambio pedagógico, educativo y cultural; es un cambio que compete también a la escuela y al concepto de educación; un cambio que pone en crisis al sistema educativo completo y le exige que redefina su propósito, su interés y su más trascendente filosofía.

Las prácticas culturales de leer y escribir

Para quienes falsamente suponen que los problemas de la lectura y la escritura son exclusivos de los países pobres, valdría decir que muchos países ricos presentan situaciones parecidas, con la única diferencia de que a mayor capacidad económica, mayor posibilidad de comprar libros. Pero está visto que una buena parte de la población con grandes recursos y con acceso a la alta educación no compra libros. En algunas naciones de Europa se ha estudiado incluso el fenómeno de quienes tienen capacidad para comprar libros y los adquieren, pero no los leen, dicen, "por falta de tiempo".

En su libro *Leer y escribir: Historia de dos prácticas culturales*, Antonio Viñao Frago observa que el neoanalfabetismo (o analfabetismo funcional) conlleva tres rasgos definitorios: "unos usos pobres y escasos de la lectura y, aun más, de la escritura"; "la dificultad para relacionarse con lo escrito, cuando no el rechazo o aversión", y "la carencia de las habilidades necesarias para hacer uso de la lectura y escritura en aquellas situaciones en las que la sociedad en la que vive lo requiere desde el punto de vista personal, cívico o laboral".

El neoanalfabetismo no es condición de los pobres, sino más bien de los sectores con buena capacidad económica, a los cuales pertenecen incluso los ciudadanos exitosos que, sin embargo, no creen que leer y escribir sea fundamental porque, entre otras cosas, no han necesitado estas habilidades para conseguir su desahogada posición social y profesional. Otros rasgos complementarios del iletrismo o analfabetismo funcional son los siguientes, a decir de Viñao Frago:

- La carencia de un discurso "secundario" que les permita analizar, someter a crítica, los discursos ajenos y el propio, ya sean de índole oral, escrita o audiovisual.
- Un discurso oral atrofiado, hecho de retazos e incompleto, sin una tradición o base en la que apoyarse.
- Unas prácticas lectoras extensivas y superficiales, reducidas a lo estrictamente indispensable y a publicaciones periódicas con sobreinformación intrascendente.
- La restricción de los usos de la escritura a rellenar formularios impresos, redactar notas y listas de cosas por hacer u otros de índole telegráfica.
- La pérdida de modos de leer compartidos, familiares, en voz alta, públicos, intensivos, o de los usos epistolares de la escritura; unos usos innecesarios a causa primero del telégrafo y después del teléfono.
- La indefensión —ausencia de capacidad selectiva, de análisis y respuesta— frente a la sobreinformación y, en especial, el tipo de discurso de los medios electrónicos de comunicación.

Por último, Viñao Frago documenta entre estos rasgos del analfabetismo funcional

> una estructura y un modo de operar mentales conformados por el discurso televisivo: atención dispersa y fugaz, dificultad de concentración, sobreinformación trivial, consumismo visual, pérdida del sentido de la realidad, etc. Rasgos, todos ellos, de una mentalidad televisiva, que se suponen opuestos a los de una mentalidad tipográfica, es decir, a aquella conformada por unos determinados usos de la lectura y la escritura.

Cómo ahuyentar lectores

En un medio de verdades cordiales o de mentiras piadosas, no siempre resulta cómodo reconocer que el lector asiduo no lee nada más para obtener la recompensa inmediata de la información o para solucionar una duda circunstancial del momento, sino como parte de un hábito placentero (si los hay) a través del cual se siente bien y disfruta más plenamente la existencia. Si leer no nos sirve para estar mejor en el mundo, entonces muy poco sentido tiene fomentar la lectura.

El placer de la lectura no ve la obligación ni el afán de información como la fuerza y el objetivo primordiales al entrar en contacto con un libro. Como aquí se ha repetido, el verdadero gusto por la lectura es una costumbre que no admite ni impulso coercitivo ni disposición de urgencia.

En su ilustrativa y muy interesante *Historia del alfabeto*, A. C. Moorhouse advierte que debe aceptarse por descontado que la memoria de los analfabetos se halla con frecuencia más desarrollada que la de las personas alfabetizadas. Como prueba de lo que dice, nos pone el ejemplo de los poemas de Homero y de otros poetas antiguos que eran recitados de memoria por los bardos, sin ayuda alguna de la escritura. Y concluye que "el advenimiento de la escritura propiamente dicha originó una relajación en el cultivo de la memoria, que al principio fue considerada como una pérdida lamentable", pero que, conforme la escritura amplió y diversificó el conocimiento, también amplió el horizonte de la memoria.

Si tuviésemos que responder a la pregunta "¿qué y por qué están leyendo los niños y jóvenes de hoy?", tendríamos que reconocer que dentro de lo poco que se lee en el ámbito general, se lee todavía mucho menos por una iniciativa desinteresada, por una disposición encaminada al placer, y habría también que hacer notar, aunque suene contradictorio, que es necesario diversificar la lectura para los niños más allá del "puerilismo" (válido, pero limitado) y de la falsa creencia, muy difundida en estos tiempos, y con la cual comulgan incluso personas que parecen cultas y sensibles, de que los "buenos libros" les dicen poco a los niños y a los jóvenes o que, si se intenta entregárselos como opción, lo único que se conseguirá será ahuyentarlos.

En realidad, de lo que se espantan niños y jóvenes es de ciertos esquemas ineficaces y discursivos diseñados para incorporarlos a la lectura "productiva", de las disertaciones pedantemente infantilizadas o puerilmente adultas que con argumentos insulsos pretenden difundir un placer como si de una obligación se tratara.

Leer para adquirir importancia o para parecernos a los mayores, a los adultos adustos, a los "triunfadores" o, peor aún, a los adultos rígidos y solemnes, es una de las promesas menos interesantes en términos de supuesto beneficio, y si me apresuran un poco podríamos decir que es una de las promesas más desquiciadas y nefastas.

La verdad es que, para que tenga sentido liberador, la lectura gozosa del niño, el adolescente o el joven únicamente tendría que llevarlos a encontrarse y a conocerse a sí mismos. No leer para volverse mayores y ni siquiera para "triunfar", sino tan sólo para aspirar a ser personas más felices.

A la manera socrática de Italo Calvino, hay que decirle la verdad a la gente (de todas las edades) acerca de la lectura,

> para que no se crea que los clásicos se han de leer porque "sirven" para algo. La única razón que se puede aducir es que leer los clásicos es mejor que no leer los clásicos. Y si alguien objeta que no vale la pena tanto esfuerzo, citaré a Cioran [...]: "Mientras le preparaban la cicuta, Sócrates aprendía un aria para flauta —¿De qué te va a servir? —le preguntaron—. —Para saberla antes de morir".

Hay quienes, con buenas intenciones y argumentos de profesionales, aseguran que leer es menos útil que informarse. Grave asunto. Los que leen también se informan. Se informan de muchas más cosas que las que entrega de inmediato la simple información, pues la lectura no nos responde nada más aquello que le preguntamos, sino también aquello sobre lo que no teníamos previsto interrogarla.

Pero, en fin, el tema de la lectura también engendra sus guerrillas intelectuales y sus bastillas culturales. Abundan elaborados argumentos de pedante puerilismo y serias disquisiciones (serias por rígidas, ceremoniosas, adustas; hoscas, más que profundas) que, de tan solemnes y afectadas, parecen resueltamente encaminadas a negar todo placer. La lectura, y su respectiva reflexión, se convierten así, según sea el caso, en una feliz simpleza que no admite el más mínimo proceso racional, o en un acto escrupuloso, casi puritano, de disciplina productiva y de valeroso deber patriótico. Que sea menos, por favor.

La lectura es otra cosa, sostiene Fernando Savater, porque "lo que parece haberse perdido no es el hábito aplicado de leer, sino la indócil perdición de antaño. Ante los educandos, uno repite los valores formativos e informativos de los libros, para no asustar. Pero se calla lo importante [...]. La lectura es otra cosa. Quien la probó, lo sabe".

Leer y estudiar

A propósito de la lectura, sus verdaderos beneficios y sus falsos conceptos, Savater ha dicho que "el efecto de los libros sólo se sustituye o se alivia mediante otros libros". Pero como las cosas siempre engendran sus paradojas cómicas y muchas veces hilarantes, en nuestras sociedades no faltan los llamados o autonombrados pomposamente profesionales del libro, algunos de los cuales saben muchas cosas sobre los libros pero muy rara vez leen uno.

Algo así como si los pornógrafos profesionales, aficionados a mirar películas, a leer obras y a ver revistas especializadas en coitos, casi nunca se entregaran al ejercicio real de esas ardientes fantasías con las que sueñan noche y día.

La comparación puede ser grotesca, pero sin duda es exacta. ¿Cuántos libros leen esos profesionales del libro?

¿Y qué libros son esos, que no alcanzan por supuesto para formar un vicio ni mucho menos para montarse una orgía de lectura, si este fuese su máximo placer?

La cultura, en efecto, es lo que queda en nosotros después de haber olvidado todo lo leído (lo contrario, recordar todo, se llama *erudición*, y puede ser amable pero por lo general es soporífera, impertinente, petulante y patética). Por ello, por su cultura, podemos saber cuántos libros han leído algunos profesionales del libro y qué libros son aquellos de una anémica biblioteca personal de gente que vive todo el tiempo amonestándose y amonestando a los demás en nombre de la lectura de "utilidad", es decir, del estudio.

Como ha advertido lúcidamente Gabriel Zaid, *leer no sirve para nada*. En cambio, especializarse en el libro únicamente como materia, muchas veces conduce a las personas (profesionales del libro) por la senda del pornógrafo y nunca por la del libertino. "Y es que —recordemos a Savater— los verdaderos libertinos buscan su goce, no hacer prosélitos: todo afán misionero es puritano. Si el libertino logra cómplices es solo por contagio, no mediante sermones".

Pero los sermones siempre han estado a la orden del día, y es frecuente escucharlos en labios de entusiastas predicadores (algunos de ellos se asumen como "profesionales del libro") cuyos libros de cabecera (y probablemente los únicos que han leído) son los instructivos estadísticos y los tristes manuales de superación personal. Son personas que pueden reconocerse por el abuso de la retórica gesticulante que suelen confundir con la verdadera elocuencia.

Al igual que el misionero puritano, este tipo de "especialistas" pretende convencer con fríos argumentos, "irrebatibles", sobre un asunto supuestamente apasionado (la lectura) que, al menos en su caso, no parece despertar pasión alguna. El solo hecho de querer imaginar a estas personas en el dulce y desinteresado goce de la lectura nos ofrece la imagen de un muy triste fracaso.

¿Leer? Leen los desocupados; por el contrario, nuestros profesionales del libro "estudian"; estudian, claro, en manuales de superación personal, para transmitir la fórmula mágica del éxito y la alta productividad, que son conceptos muy a la moda y que, por supuesto, nada tienen que ver ni con el placer de la lectura ni con el goce doméstico de la vida.

Por un retorno de la poesía a las aulas

Uno de los mayores problemas derivados de la dictadura del mercado, en el ámbito editorial, es el que se refiere a la marginación de los libros de poesía. La novela, los libros de autoayuda, espectáculos, chismes y ensayo político absorben prácticamente todos los afanes de la industria editorial.

Como consecuencia de esto, las nuevas generaciones leen muy poca poesía y son muchos los lectores que abiertamente confiesan que no saben leer poesía o que no la leen porque no la entienden.

Por si ello fuera poco, la escuela y, en general, el sistema escolar, por lo menos en el ámbito iberoamericano, han hecho muy poco para que los niños y los jóvenes aprendan a leer poesía y, con ello, se aficionen a la lectura de este género que es, sin duda, el de mayor concentración verbal y riqueza idiomática en cualquier lengua.

Desafortunadamente, en nuestras escuelas no son abundantes los profesores que saben leer poesía, comprenderla, interpretarla y comunicarla. En los ejercicios, dinámicas y estrategias de lectura en la escuela, el cuento, como género, es el más utilizado para acercar o incentivar el gusto de leer. La poesía siempre queda relegada.

Desde el punto de vista pedagógico y didáctico, la poesía es hoy una gran ausente en las aulas. Puedo afirmarlo, a partir de las observaciones y experiencias directas en varios países de América Latina, y de los estudios e investigaciones de España y otros países de lengua española.

Tenemos un déficit de lectura poética, que por supuesto se refleja en la industria editorial y afecta a los lectores de todas las edades, pero muy especialmente a los niños, los adolescentes y los jóvenes.

Todo ello a pesar de que si existe un género literario más adecuado para la lectura incluso en dispositivos digitales, éste es justamente el género poético. Hoy parece obvio que si no se aprende a leer poesía en medios impresos, resulta más complicado leerla —sin ese aprendizaje previo— en las pantallas.

Como la poesía es hoy lectura minoritaria, en español y en otros idiomas (si tomamos en cuenta los elevados tirajes de las novelas, las guías de la frivolidad y los libros de autoayuda), son muy pocos (incluidos los promotores del libro) quienes echan de menos este género, y más pocos aún los que incentivan su lectura.

La poesía es por principio emoción, antes que explicación. Emoción inteligente. Y es esto lo que no han comprendido los sistemas escolares que la han condenado a la marginalidad, debido al empeño que ponen en la tan reputada "comprensión de la lectura", motivo por el cual en gran medida han expulsado a la poesía de la escuela. Es por ello que en las aulas se prefiere leer y explicar un cuento que leer y sentir un poema.

Es innegable que cada vez que leemos poesía nace una emoción, encontramos alguna imagen, escuchamos cierta música, experimentamos cadencias, metáforas y un lenguaje cifrado que luego desciframos en nuestra propia experiencia para saber que la poesía es necesaria para vivir y que le da sentido a nuestra existencia.

Como cuando el divino Rubén Darío (1867-1916) escribe y nosotros, niños, leemos lo siguiente sin comprender mucho pero extasiados por la música y el misterio:

> Padre y maestro mágico, liróforo celeste
> que al instrumento olímpico y a la siringa agreste
> diste tu acento encantador;
> ¡Panida! Pan, tú mismo, que coros condujiste
> hacia el propíleo sacro que amaba tu alma triste,
> ¡al son del sistro y del tambor!
>
> Que tu sepulcro cubra de flores Primavera;
> que se humedezca el áspero hocico de la fiera,
> de amor, si pasa por allí.

Sé bien de lo que hablo, pues, niño aún, cierto profesor, en la escuela primaria de una pequeña ciudad perdida en la selva, puso en mis manos y ante mis ojos el inolvidable "Responso" en honor de Verlaine, entre otros poemas darianos, y modificó para siempre mi existencia.

Sin comprenderla del todo, o más bien casi sin comprenderla, la poesía, con su música, entraba en mis oídos y producía una emoción diferente a cualquier otra. Mucho después fue que "entendí" el poema, pero la emoción de lo leído y la música profundamente "sentida" me hicieron inolvidables las palabras:

> Que púberes canéforas te ofrenden el acanto;
> que sobre tu sepulcro no se derrame el llanto,
> sino rocío, vino, miel;
> que el pámpano allí brote, las flores de Citeres,
> ¡y que se escuchen vagos suspiros de mujeres
> bajo un simbólico laurel!

Si en la escuela elemental y secundaria se enseñara en serio didáctica de la lectura y si en estos niveles escolares se abrieran los espacios para leer y comprender la poesía y, en general, el idioma español y sus peculiaridades sonoras, rítmicas, sintácticas, semánticas, gramaticales, imaginativas, metafóricas, etcétera, nadie, absolutamente nadie diría que no entiende la poesía o que ésta es aburrida.

Hemos puesto tan poca atención al idioma y a la poesía en los centros escolares que las generaciones antipoéticas se multiplican y se dan a conocer no sólo porque dicen que "no entienden" la poesía, sino porque, aun sin decirlo, es obvio que no la entienden puesto que incurren en construcciones verbales tan evidentemente antipoéticas que hasta la aclaración resulta innecesaria.

Hay que leer poesía para saber qué es la poesía. Hay que poner en evidencia lo poético y lo no poético. Pero, por encima de todo, hay que conseguir que la gente que no lee poesía la descubra como ha descubierto otras posibilidades de gozo y de libertad.

Además, los poetas deberían saber que escribir poesía para que sólo la lean y la celebren únicamente otros poetas es un asunto fastidioso y una utilidad egoísta o, mejor dicho, una lujosa inutilidad.

Colgarse de la lectura

El tema de la lectura se ha vuelto una moda, y colgarse de su nobleza (todo en la lectura es noble porque es obvio que se trata de un bien social) resulta muy redituable. Reditúa, sobre todo, en la imagen: hay quienes se blanquean con ella y lo mejor (para ellos, claro) es que, además, es deducible de impuestos.

Qué buen negocio puede ser la denominada "promoción de la lectura": es noble, mejora tu imagen y, además, si lo lleva a cabo una empresa, es deducible de impuestos. ¿Quién va a discutir que una empresa, por muy cuestionada que sea, destine algunos de sus recursos al fomento y la promoción de la lectura? Nadie.

Y, sin embargo, es necesario comentar algo al respecto, porque no es lo mismo que una empresa cultural fomente y promueva la lectura, como parte de su dinámica y su razón de ser, a que una empresa que nada tiene que ver con la cultura lo haga, movida por sus conveniencias de imagen y sus ganancias económicas (a veces en mancuerna con la institución pública).

Colgarse de la lectura y de las causas nobles desde la empresa privada se ha vuelto harto previsible, pero hay casos sorprendentes. De uno de ellos fui testigo en Colombia, donde la cigarrera Phillips Morris (la compañía de tabaco líder en el mundo) subvencionaba a las instituciones para que llevaran a cabo programas de lectura. Las instituciones, felices, aceptaban obviamente las subvenciones.

No es que los recursos económicos sean ilegales, sino que las fuentes de esos recursos provienen de una empresa (y de una industria) generadora de enfermedades pulmonares. La mala conciencia puede despertar, en no pocos casos, la llamada "responsabilidad social" y desembocar en ayudas "saludables" que sin embargo pecan de incongruencia cuando no de esquizofrenia.

El caso más extremo es éste: la idea de que las tabacaleras contribuyan a apoyar los programas de salud (ya sea mediante impuestos o con actividades sociales) resulta benéfica, pero no deja de ser esquizofrénica. Si lo que desean es apoyar la salud, las tabacaleras tendrían que dejar de fabricar cigarrillos. El problema es que matarían su negocio, en vez de matar personas. Y no se trata de esto, por supuesto, sino de seguir con el negocio y de mostrarse samaritanas para que no se diga que únicamente son nocivas.

La verdad es que, en el fondo, las conductas hipócritas siempre acaban en un callejón sin salida. Los gobiernos exigen a las propias tabacaleras que estigmaticen el producto que venden, y éstas aceptan estigmatizarlo siempre y cuando puedan seguir vendiéndolo.

En cambio, los libros y la lectura se manejan en un ambiente de elogiosa nobleza, pero resulta que no hay dinero o hay muy poco (desde las instituciones públicas) para "formar" lectores. Es aquí donde entran empresas como las tabacaleras, cuyo negocio es "formar" fumadores, y con esplendidez contribuyen a apoyar los programas de lectura para los cuales los gobiernos destinan poco dinero y muchos discursos: es decir, puro humo.

Aunque esto no sea ilegal no deja de tener un tufo de complicidad inmoral, pues lo absurdo del caso es que, en el ámbito de los programas de lectura, donde no hay dinero para llevarlos a cabo, se acepte el oro de los que sí tienen dinero sin importar realmente de dónde provienen los recursos en tanto sean legales.

Para el discurso noble de la lectura se puede echar mano de los dineros de aquellos negocios que el propio gobierno se encarga de estigmatizar. Esto es lo absurdo.

Que una cigarrera regale dinero para una causa noble ni siquiera se cuestiona, porque hemos hecho de la hipocresía una forma natural de comportamiento y ya nada nos asombra. Se exige a las cigarreras que pongan pictogramas escalofriantes en sus productos para que la gente se espante y no los consuma. La gente, de todos modos, los sigue consumiendo, pese a las macabras advertencias cancerígenas.

Y los productores de cigarrillos amasan tan buenos recursos que pese a los altos impuestos que pagan todavía les sobra dinero para apoyar la lectura para la cual los gobiernos no tienen dinero pero sí discursos nobles.

Para los cigarrillos la propaganda es negativa y, sin embargo, se siguen consumiendo. Para los libros la propaganda es positiva y casi nadie los compra.

¿Qué diríamos si la Asociación Nacional del Rifle y los cazadores de personas indocumentadas en Estados Unidos, subvencionaran programas educativos para beneficiar a inmigrantes ilegales? Diríamos que es absurdo o delirante.

Pues así de absurdas son muchas cosas en estos programas educativos y culturales en cuanto a las empresas que los patrocinan. Y esto no es todo: fundaciones culturales de empresas francamente opuestas al desarrollo intelectual dicen que se preocupan mucho por la educación y la cultura, y hay quienes les creen, o fingen que les creen, con tal de recibir los espléndidos patrocinios y subsidios.

---

4. Cuando leer no es un placer

Tenemos el deber de ser felices, deber que desde luego no cumplimos [...]. *La literatura sirve ante todo para la felicidad* [...]. *Siempre intenté que mis alumnos vieran en la literatura un placer* [...]. *La literatura tiene un fin eterno, que es el de conmover, el de emocionar, y, si no se cumple con ese fin, sólo puede interesar a los historiadores de la literatura, personas que en general se reducen a escribir libros parecidos a la guía de teléfonos.*

JORGE LUIS BORGES

El placer condenado y la discriminación cultural

Cuando en la sociedad ilustrada, y sobre todo desde el sistema educativo, se propone la lectura como uno de los "hábitos" que deben desarrollarse a fin de que los ciudadanos adquieran más conocimientos e información, el asunto no puede parecer más digno de elogio. Pero la propuesta revela un enorme desconocimiento acerca de la lectura. En general, son quienes no leen (o leen sólo por obligación) los que piensan que la lectura debe implantarse para los fines prácticos del progreso social. Suelen hablar de "competencia lectora" y de "comprensión de la lectura" como elementos fundamentales del "hábito", excluyendo todo rasgo de placer e incluso condenándolo, pese a que el motor de la lectura es el gesto espontáneo, el gusto gratuito, el goce mismo, siempre vinculado al azar, la indisciplina y el rechazo a la rigidez de toda forma autoritaria.

Recordemos que, para alarma y escándalo del pensamiento pragmático, en 1970 Jorge Ibargüengoitia escribió:

> Considero que las clases de literatura —todas— son contraproducentes por obligatorias. Establecen una relación entre alumno y libro que es por definición equivocada. La lectura es un acto libre. Debe uno leer el libro que le apetezca a la hora que le convenga. Y si no le apetece a uno ningún libro, no lee, y no se ha perdido gran cosa.

En esto el escritor mexicano se anticipó un par de décadas a la formulación del primer derecho imprescriptible del lector que hace Daniel Pennac en su libro *Como una novela*; ese primer derecho que es, entre todos, quizá el más importante: el derecho a no leer. Si no lo tomamos en cuenta,

> convertiremos la lectura en una obligación moral, y esto es el comienzo de una escalada que no tardará en llevarnos a juzgar, por ejemplo, la "moralidad" de los propios libros en función de criterios que no sentirán ningún respeto por otra libertad inalienable: la libertad de crear. A partir de entonces, los brutos seremos nosotros, por muy "lectores" que seamos. Y bien sabe Dios que brutos de este tipo no faltan en el mundo.

Dicho de otro modo, directo y sintético: "la libertad de escribir no puede ir acompañada del deber de leer".

Puede comprenderse, y apoyarse, que los gobiernos y los organismos internacionales (entre ellos en primerísimo lugar la Unesco) consideren al libro como un elemento fundamental del desarrollo humano, pero lo que no se puede entender ni mucho menos aceptar es la generalización grosera del esnobismo cultural según la cual a mayor cantidad de libros y de lectores, mayor capacidad humana, menor barbarie, mayor educación y mayor progreso económico.

Despreciar al no lector es una de las formas más bárbaras que ha engendrado la barbarie de la cultura obtusa y dogmática. La conclusión inversa puede estar más cerca de la verdad, y en ello llamó la atención Ezra Pound cuando dijo que la biblioteca no puede estar en mejores condiciones que las mentes de su junta directiva.

Creer que por el sólo hecho de leer los ciudadanos se vuelven *superiores* es una forma muy barata de la fe en las herramientas que ha inventado el propio género humano para consentir su vanidad y, con ello, su intolerancia. Vivir rodeados de libros no nos da ningún derecho moral ni ninguna ascendencia sobre las personas cuyo comercio es muy otro.

Aplicado con ceguera, con severidad dogmática, con intolerancia, puede resultar muy discriminador y vanidoso el discurso moral en defensa del libro y la lectura de un escritor tan inteligente y sensible como Mario Vargas Llosa, cuando dice, por ejemplo: "La literatura hace de los ciudadanos personas más alertas y más difíciles de manipular por el poder, en comparación con las personas que no leen, sin formación, sin contacto con la literatura, porque estas últimas son más fáciles de manipular y engañar".

No estemos tan seguros de esto último. En todo caso, es válido que tengamos algunas reservas. Releamos a Steiner y no olvidemos que algunos de los más terribles fanatismos han encontrado justificación alrededor de ciertos libros. El "fundamentalismo" se llama así justamente por la fe ciega que se pone en los "fundamentos", es decir en la palabra escrita en la que se fundamentan las creencias. No hay fundamentalismo que carezca de libro.

Por lo demás, y habrá que repetirlo cuantas veces sea necesario, la lectura como un placer sólo puede transmitirse por contagio, es decir, a partir del contacto con personas que han adquirido el virus y que lo transmiten incluso sin el propósito de conseguir prosélitos. Todo discurso que lo establezca como requisito para la superioridad intelectual, moral, cultural, sentimental, etcétera, es una de las chapucerías más condenables de una sociedad que, además, pretende presentarse como tolerante y abierta.

La cultura libresca que habla del *deber de leer* está muy lejos de conseguir que la lectura sea un verdadero hábito que conduzca al placer. El conocimiento despojado de fantasía, exento de todo goce, sólo puede conducir a un falso saber y, en el mejor de los casos, a una fría erudición, donde los datos configuran una cultura epidérmica sin vida y sin calor. Es imposible que quienes no aman los libros y la lectura formen lectores.

Mucha gente se llevaría grandes sorpresas si pudiera saberse, con exactitud, sin mentiras, cuántos y cuáles libros leen los denominados profesionales del libro. De tanto hablar sobre el tema, de tanto "especializarse", muchos profesionales del libro únicamente leen a los propios profesionales del libro y sólo tienen interés por los libros que hablan sobre la lectura y sobre el aspecto técnico de la profesión de leer. Una novela, un libro de poesía, una obra dramática, una biografía cuya lectura no se presenta con un fin práctico es, para muchos de ellos, una pérdida de tiempo y una falta inadmisible en el esquema de la utilidad.

Despojados, por la cultura del deber, del ocio creativo, el libro y la lectura (al igual que las universidades y los diplomas) se convirtieron en las últimas décadas del siglo XX en nefastos argumentos para la discriminación cultural.

Moralizar la lectura

Moralizar el "hábito de la lectura" es una de las formas más recurrentes para supuestamente justificar sus beneficios. Así, podemos ver actitudes y escuchar frases bienintencionadas, aunque a menudo cursis y llenas de desmesura: "La lectura cambió mi vida", "Gracias a la lectura encontré mi propio destino", "Leer ha sido para mí más importante que vivir", "Todos aquellos que no leen se pierden de lo más trascendente de la existencia", "Entiendo que alguien pueda vivir sin respirar, lo que no comprendo es que alguien pueda vivir sin leer", etcétera.

En el fondo, toda esta moralización es incapaz de ocultar el falso sentimiento de superioridad que da a las personas una práctica que, por convencionalismos y actitudes políticamente correctas, se niega a reconocer el carácter ocioso (y por ello liberador, subversivo, hedonista, sensual y morboso) de la lectura por inclinación placentera.

Por siglos, el discurso intelectual y políticamente correcto ha acentuado esta falsa conciencia (la ideología, como la definía el viejo Marx) de que la cultura a través de los libros nos hace superiores y nos pone por encima de los que no han tenido acceso a esta herramienta de la transformación humana. Hoy todo esto lo creen y lo teorizan personas inteligentes y sensibles (de izquierda, centro y derecha) que están convencidas de que alguien que no lee con frecuencia es inferior intelectualmente; una persona que requiere ser adoctrinada en la lectura para lograr el proceso de la *transformación del mono en hombre*, como diría Engels y reafirmaría Marx.

¿Por qué ha fracasado siempre el bienintencionado ejercicio de hacer que el placer se convierta en un deber? Porque es previsible y justo que fracase. Dice Michèle Petit que cuando se intenta imponer el beneficio de la lectura entre las personas que no leen, la reacción de estos no lectores es de profunda desconfianza o sospecha: "Pero este... ¿qué quiere? ¿Por qué me quiere hacer leer?".

La imposición de la lectura en nombre del bienestar y el beneficio que con ella se obtendrán nos recuerda al padre que castiga severamente al hijo y lo mutila física o espiritualmente con tal de que no se vea afectado por los males del mundo. En nombre de su bienestar le inflige un daño mucho mayor que el de la lección que le hubiese deparado el conocimiento de sus yerros, sus caídas y sus golpes, pero la satisfacción paterna (y paternalista) es haberlo salvado de la maldad y de los daños exógenos. Imponer la lectura, imponer el placer, a lo único que puede conducir, dicho también por Petit, es a una sociedad frígida.

Savater ha advertido que, hasta hace algún tiempo, lo único que no prometían los estados liberales era el acceso a la felicidad. En esto se habían diferenciado de los regímenes totalitarios y mesiánicos del mundo socialista. Sin embargo, hoy incluso los gobiernos liberales (que han adoptado también ciertos rasgos del mesianismo autoritario) prometen la felicidad aunque ésta, por su mismo carácter subjetivo e indefinible, no pueda ser asegurada por nadie, ni siquiera por Dios Padre. Y es que, con frecuencia, leer nos puede hacer más infelices.

En esto coinciden del todo Petit y Savater: leer no es, afortunadamente, una ocupación seria. Y toda promoción de la lectura que se haga desde un punto de vista puritano está condenada a fracasar. No habrá más lectores que aquellos que hayan sido mordidos por el contagio libertino.

El único elemento moral que no debemos olvidar los lectores es el hecho incontrovertible de que la lectura no nos da superioridad moral sobre los no lectores.

El desprestigio social de los no lectores

Una visión apegada al dictado bienintencionado pero dogmático de los organismos internacionales hace sentir que la carencia de "lectura" es una especie de orfandad que nos aísla de la civilización y nos sume en la barbarie.

Se llega al exceso de decir que sólo a través de la lectura un individuo puede encontrar su destino. Se afirma incluso que sólo mediante la lectura el individuo conseguirá obtener su realización; que sólo mediante la lectura (sea por medio del libro tradicional o del soporte electrónico) alcanzará la superación y el progreso. Y en esto están de acuerdo lo mismo las personas inteligentes que las más zafias.

Con esta clase de "exhortaciones", lo único que se consigue es sumir en la frustración a quienes no leen libros de modo sistemático. Si a ello se agrega que hay una valorización equívoca cuando se califica a la lectura como buena o trivial, según sea el caso, acaba por descalificarse el ejercicio libre de quienes leen, y leen mucho quizá, pero no leen aquello que recomiendan como aceptable los académicos, los sectores influyentes de la cultura y, por supuesto, las instituciones oficiales.

Calificar la lectura y dividirla entre buena y mala no ha conseguido que un mayor número de la población lea y se edifique, pero sí ha logrado sumir en la marginalidad del desprestigio a quienes no leen absolutamente nada y, peor aún, a quienes no leen lo que se recomienda. Según las instituciones, para ser "buen lector" sólo existe una forma correcta. En el mundo de la información, se proscribe la lectura que no conduce a nada; aquella que no nos lleva al éxito.

De hecho, se censura el placer precisamente porque no nos conduce a un fin práctico. De ahí que quienes ensalzan la "lectura de calidad" (lo que esto signifique) acusen de ignorantes implícita, y a veces explícitamente, a quienes leen nada más por leer. Si lo que se hace no conduce a aumentar la información, entonces ¿qué sentido tiene? Este esquema mental moralizante y puritano, exigente de la recompensa productiva, puede equipararse con la recomendación pseudorreligiosa de que el coito lleve siempre a la procreación o que ése sea su objetivo; que aleje de su práctica toda gimnasia y fantasía; que se inscriba en la más gélida penitencia donde la ausencia de placer elimine la "vergüenza" de pretender ser feliz.

Esto nos trae a la memoria la "Carta de un pintor a su hijo", parábola extraordinaria de Heinrich von Kleist que, por su síntesis y brevedad, se cita aquí íntegramente para mostrar una visión artística y cultural desprejuiciada y carente de ese esnobismo intelectual que caracteriza a los *productivistas* de la lectura:

> Querido hijo mío:
>
> Me escribes que estás pintando una Madona, y que tus pensamientos se te aparecen tan impuros y carnales para el acabamiento de tal obra que, con objeto de santificarlos, desearías comulgar cada vez que vas a agarrar el pincel. Deja que tu anciano padre te diga que ese es un entusiasmo falso que te ha pegado la escuela a la que te adscribes, y que, según la enseñanza de nuestros viejos y dignos maestros, el trabajo se despacha perfectamente con ese placer, común pero por lo demás probo, que se halla en el juego de trasladar tus figuraciones al lienzo. El mundo es una fábrica fantástica; y los defectos más divinos, querido hijo, se siguen a menudo de las causas más ruines y deslucidas. El hombre, por ponerte un ejemplo que salte a la vista, es en verdad una criatura sublime; y sin embargo, en el instante en que se lo engendra no resulta necesario meditar con gran santidad acerca de ello. En efecto, aquel que tras comulgar pusiese manos a la obra con la mera intención de construir un elevado concepto en el mundo de los sentidos, inevitablemente engendraría un ser miserable y decrépito; por el contrario, aquel que en una estival noche de regocijo besa a una muchacha sin pensárselo mucho, sin lugar a dudas trae al mundo a un mocete que luego se irá a correr aventuras con todo vigor y lozanía y les causará quebraderos de cabeza a los filósofos. Dios te guarde.

Unas décadas antes, Chamfort había dicho de otro modo lo mismo: "Las obras que un autor realiza por placer son con frecuencia las mejores, como los hijos del amor suelen ser los más bellos".

Recomendar la lectura y, peor, establecerla como materia obligatoria en aras de un fin práctico, independientemente de las mejores intenciones, sólo puede engendrar a seres desdeñosos con esa obligación o a fanáticos de la obligación que impondrán a sus hijos la frialdad del deber y la disciplina en la ausencia absoluta del hedonismo y la sensualidad.

En muchísimas ocasiones, al elogiar la lectura sus mismos promotores están pensando en el fin práctico que conlleva. Aun si se afirma que gracias a la lectura alguien le encontró sentido a la vida, se está diciendo también en consecuencia que quienes no leen viven al margen de las oportunidades que le darían sentido a su existencia.

Se olvida que, en la diversidad de intereses de los seres humanos, abundan los que nunca tienen un acercamiento con otras capacidades o posibilidades artísticas y culturales y que han ceñido su experiencia a ciertos terrenos en los que encuentran su felicidad. Pero, en el fondo, como ha señalado atinadamente Rodolfo Castro, todos somos lectores, aun los que no frecuentan de manera asidua los libros, entre otras cosas porque la lectura no se hace exclusivamente en los libros.

Sin que en esto haya contradicción, también tiene razón Daniel Pennac cuando afirma que no a todo el mundo le gusta leer libros. Quiere esto decir que no todos pueden ni quieren ser gente de letras, si se entiende como tales a aquellos seres que entregan una buena parte de su ocupación y de su vida a leer, y a veces incluso a escribir libros.

Las imágenes dogmáticas y míticas que tenemos de un lector y de un no lector son el resultado de los excesos a que conducen las falsas suposiciones culturales; consecuencia, también, del esnobismo y la fe ciega en los índices de lectura que marcan, según esto, nuestro escaso o amplio desarrollo cultural y social en comparación, y en confrontación, con los de otras naciones.

Vivir para leer puede ser una muy buena y placentera ocupación de ciertos profesionales que han hallado en los libros una satisfacción que no obtienen en otros ámbitos. Pero esto mismo es válido para quienes viven para ser espectadores (y acaso practicantes) de la danza, el cine y el teatro, para quienes viven por y para la música, por y para el futbol, por y para lo que sea, puesto que en esa posibilidad encuentran su dicha. Si a ello le suman, alguna vez, la lectura de un libro que, libremente, les apetezca, ni hay que exagerar su positiva consecuencia ni lamentar que no se vaya más allá en la práctica de leer hasta convertirse en un lector de veinte, treinta, cincuenta o cien libros anuales.

¿Cuántos de los que leen, vamos a exagerar, un libro diario, tienen tiempo de asistir a una función cinematográfica inolvidable o a una sesión contemplativa del paisaje sin más propósito ni designio que perder el tiempo? A una persona con deformación libresca, el solo hecho del contacto humano a veces le parece intolerable porque la obliga a volver a la realidad.

No hay que olvidar lo que decía Schopenhauer al referirse a las personas que se han vuelto tontas a fuerza de tanto leer, y que van perdiendo paulatinamente su capacidad de pensar y de sentir por cuenta propia, haciéndolas más aburridas y necias de lo que ya son, a tal grado que lo único que se les ocurre cuando disponen de un momento de ocio es abrir un libro.

Decir que la literatura y el arte en general son mejores que la vida no pasa de ser una desafortunada retórica intelectualista de quienes parecen ignorar que incluso los libros son sólo una parte de la felicidad a la que tiende todo ser humano. Leer es sólo una de las posibilidades de alcanzar esa felicidad, y confundir la lectura de libros con la vida misma es una de las necedades más grandes de las que hablaba Schopenhauer al censurar a los eruditos que prefieren abrir un herbario que tirarse de espaldas en el pasto y ver pasar las nubes.

El mismo Robert Louis Stevenson, que escribió maravillas, que vivió enfermo durante muchos años y que, a decir de Borges, es una de las perdurables felicidades que nos puede deparar la literatura, sentenció, sin dudarlo, que "los libros son lo bastante buenos a su manera, pero también son un poderoso sustituto exangüe de la vida". Exangüe, no lo olvidemos, es, en su más exacta etimología, falto de sangre. Poderoso, sí, pero también sustituto sin sangre de la vida.

Encontrar sentido a la vida en cosas relacionadas con la lectura y la escritura es tan válido como hallarlo en otras manifestaciones; nadie debe sentirse marginal de la cultura porque no lea libros o porque lea nada más unos cuantos. Se revela una grave deformación cultural cuando se exigen medidas de cantidad en la lectura. Llevado a los extremos, hay quienes prescriben cantidades exorbitantes de libros leídos, como si el asunto de la cultura fuera mensurable así. ¿Cómo saber quién ha ganado más, culturalmente hablando, entre una persona que ha leído 365 libros al año y otra que únicamente ha leído dos? ¿Esos 365 libros son garantía para ser una *mejor persona* y no lo son los escasos dos de la otra experiencia? Se pregunta con sabia ironía el editor, lector y escritor Mario Muchnik en sus *Memorias de trabajo*:

> ¿Lectores chicos? Lectores chicos son esos lectores de biblioteca exigua que, como Maquiavelo, se ponen cómodos para leer, se ponen elegantes, escogen el mejor sillón y, a razón de cinco o seis libros por año, que leen y releen, van nutriendo su mente con la infinita riqueza de otras mentes, una riqueza capaz de quebrar la mar helada que llevamos dentro.

Éstos son, en efecto, los lectores chicos, los lectores de pocos libros. Los otros, los que leen para aumentar el índice nacional, para acumular kilogramos de celulosa y miles de páginas de letra impresa o escritura virtual pueden ser tan grandes como su nacionalismo o su desmesurada confusión entre leer para vivir y vivir para leer.

Jorge Luis Borges, que conoció la humildad, escribió hacia los últimos años de su vida un poema magistral ("El remordimiento") que nos revela todo aquello que es imposible que nos expliquen los que no saben distinguir entre leer y vivir:

> He cometido el peor de los pecados
> que un hombre puede cometer. No he sido
> feliz. Que los glaciares del olvido
> me arrastren y me pierdan, despiadados.
> Mis padres me engendraron para el juego
> arriesgado y hermoso de la vida,
> para la tierra, el agua, el aire, el fuego.

Los defraudé. No fui feliz. Cumplida
no fue su joven voluntad. Mi mente
se aplicó a las simétricas porfías
del arte, que entreteje naderías.
Me legaron valor. No fui valiente.
No me abandona. Siempre está a mi lado
la sombra de haber sido un desdichado.

¿Qué leen los que no leen?

En las llevadas y traídas estadísticas del famoso índice de lectura en México, los que no leen constituyen la masa, la enorme población mayoritaria, a la que se le echa la culpa, primero del mítico medio libro, luego de los 2.9 libros per cápita, y después del mentiroso 5.3 impugnado meses más tarde por el realista y optimista 3.8 que nos sume en la vergüenza frente a los países de amplia cultura, civilizados, ilustrados, de veinte, veinticinco, treinta y hasta cuarenta libros en la estadística anual.

Falso. Los que no leen *sí leen*. Lo que pasa es que no leen lo que desde el punto de vista utilitario *deberían* leer. No leen, pues, lo políticamente correcto, que deseamos que lean, lo que exigimos que lean.

Los que no leen, leen cómics (rosas y porno), fotonovelas, revistas especializadas en la farándula y la frivolidad, ocasionales best sellers que tienen que ver con historias que ponen de moda el cine y la televisión, etcétera (pero sería injusto no abrir un paréntesis para decir que en el medio educativo y cultural hay gente que ni siquiera ojea, ni mucho menos hojea, el periódico; como pertenece al mundo de la cultura o al académico, puede darse ese lujo de lector que no lee, y además despreciar a los no lectores).

Para los que no leen se ha dispuesto un lugar aparte, una isla, una segregación, una inconmensurable reserva india. Debería ser al revés. Es la minoría lectora (considerada como tal en los parámetros culturales) la que vive fuera de la realidad. La mayoría no lectora (que sí lee, pero no lee lo que debe leer según la ortodoxia) tiene en sus manos permanentemente aquellas publicaciones (letra impresa, sin duda) que han hecho millonarios a quienes por supuesto tampoco leen nada que no sean los estados de cuenta de sus inversiones bancarias. Gente finísima, por lo demás, que juega al mecenazgo, las obras de caridad y la filantropía con gran despliegue mediático.

Somos demasiado severos para clasificar y calificar a los que no leen (lo que queremos que lean), y no se quiere o no se puede comprender que los que no leen, leen lo que tienen a la mano (y a veces leen mucho más que los "cultos") porque, entre otras cosas, los grandes vendedores de baratijas poseen un emporio y un imperio de publicaciones que saben identificar perfectamente a su destinatario cautivo, a su público.

¿Por qué no leen a Shakespeare o a Balzac en vez de leer esa revista farandulesca? Porque los medios electrónicos, y sobre todo la televisión (cuyos dueños, por cierto, a menudo son los dueños también de las empresas que publican las revistas farandulescas y similares), tienen una estrategia mercantil de formación (y de deformación) de públicos ante cuyo poder es imposible que compita la mercancía artística.

Y, encima de eso, discriminamos a los que no leen. No nos pasa por la cabeza (y menos por el corazón) que el problema es estructural y mercantil, no biológicamente atávico. Los que no leen, leen lo que está cerca de su realidad o lo que sienten propio entre sus fantasías. La televisión se ha convertido en su rectora de lecturas.

Las estrategias pedagógicas no arreglan el asunto, sino que lo complican. Dice Daniel Pennac:

> A lo largo de su aprendizaje, se impone a los escolares y a los estudiantes el deber de la glosa y del comentario, y las modalidades de este deber les asustan hasta el punto de privar a la gran mayoría de la compañía de los libros. Por otra parte, nuestro final de siglo no arregla las cosas; el comentario domina en él como señor absoluto, hasta el punto, muchas veces, de apartarnos de la vista el objeto comentado. Este zumbido cegador lleva un nombre eufemístico: la comunicación [...].
>
> Hablar de una obra a unos adolescentes, y exigirles que hablen de ella, puede revelarse muy útil, pero no es un fin en sí. El fin es la obra. La obra en las manos de ellos. Y el primero de sus derechos, en materia de lectura, es el derecho a callarse.

En términos mediáticos, ¿para qué quieren los que no leen saber de personajes muertos y enterrados si tienen a la mano a los héroes frescos y cotidianos de la televisión que todo el día machaca la necesidad de saber qué pasa con el cantante Equis, con el cómico Tal, con el idiota preferido?

Por si ello fuera poco, el monopolio de la idea y la civilización en manos de los que sí leen ha convertido en una agresión la diferencia entre lectores y no lectores, sin distinguir, ni por supuesto señalar, a los verdaderos responsables de la no lectura: los medios electrónicos de la incomunicación humana, con su sabotaje permanente contra la sensibilidad y la inteligencia.

Lecturas populares

Hay un gran desprecio y una especie de confabulación culta, producto de un sentimiento de culpa no bien resuelto, contra las llamadas publicaciones populares, esto es, los cómics, historietas, fotonovelas y demás revistas amarillas, rosas, rojas y similares.

Con mucha frecuencia y demasiada facilidad, la gente culta cree que ese tipo de publicaciones son nocivas para la salud mental. Lo cree porque mira por encima del hombro y con escándalo el entusiasmo con el que la "gente inculta" se embebece en semejantes "atentados" contra las "buenas costumbres", el "buen gusto", la "elegancia", el "decoro", la "inteligencia" y, por supuesto, la "buena conciencia".

Es cierto que muchas de estas publicaciones son ramplonas y que incluso en el tema porno son muy malas, entre otras razones porque están mal impresas, los modelos y las modelos son horribles y, en general, carecen de la más elemental intención estética (no son *Private*, desde luego, ni mucho menos Taschen, ello es obvio).

Pero lo que produce la reacción nerviosa de la gente hacia las denominadas lecturas populares (entretenimiento de obreros, albañiles, peones, semialfabetizados y gran cantidad de lectores que no registran las estadísticas) no es la moral sino la culpa. Sentir compasión hacia los demás porque —¡pobrecitos!— no son como uno.

Es cierto que la insensibilidad no es exactamente una virtud, pero también es verdad que, como dijera Oscar Wilde, la lástima no es un sentimiento honorable. Sentimos lástima por los demás cuando nos consideramos superiores a ellos. Como emoción es indigna, porque partimos de un juicio detestable según el cual los que no se parecen a nosotros son inferiores; los que no leen "obras cultas" se estupidizan, se animalizan con el consumo de las cosas más infames para satisfacer su natural indecencia de rufianes.

Muchos cultos piensan así. Hay una facilidad patética de equiparar a los lectores populares y a los no lectores con los cuadrúpedos más necios. Eso del "Si no leo, me a-burro"; eso del "Jumento a la lectura" y demás juegos de palabras demasiado obvios y de deliberada intención injuriosa. Pero lo que jamás se preguntan, en un ejercicio de análisis racional, es por qué seducen estas publicaciones y por qué tienen tal abundancia de lectores y tal desarrollo de mercado.

En *Leer y escribir: Historia de dos prácticas culturales*, el especialista español Antonio Viñao Frago advierte algo que muchos cultos no comprenden: al igual que las expresiones orales, "todo texto requiere ser interpretado"; "todo texto remite a un contexto".

Si esto es verdad (y por supuesto que lo es), resulta absurdo exigir que los que devoran "lecturas populares" abandonen sin más su contexto e interpreten los textos de la "alta cultura". El nivel de interpretación no es mejor ni peor según se sea culto o inculto, sino que nada más es el nivel que corresponde a las exigencias dictadas por las necesidades y la ineludible realidad.

Viñao Frago cita algo que afirmaba J. de Castro y Serrano en 1871 en su libro *Cuadros contemporáneos*: "Todo lo que el español necesita saber por el momento, todo se lo dice el periódico". Lo que decía Castro y Serrano hace más de un siglo para España puede parafrasearse hoy para el caso de México en el contexto de las "lecturas populares": todo lo que necesita saber y disfrutar el lector popular se lo dan, precisamente, esas publicaciones que se venden a pasto en los puestos de periódicos. Es un fenómeno cultural que responde a la realidad, es decir, al contexto en el que se producen dichos textos.

Es un fenómeno tan meridianamente claro que ni siquiera valdría la pena desperdiciar un sarcasmo, pero ¿a quién se le ocurre pretender que el lector de *Sábanas mojadas*, *Historias calientes* y *¡Sensacional de traileros!* cambie su entretenimiento lector por la *Crítica de la razón pura* de Kant o la *Fenomenología del espíritu* de Hegel? Lo que es más, las *Memorias de una pulga* sólo estarían en su contexto mediante una edición ilustrada suficientemente explícita. Entender es distinguir.

En su libro *La nariz de Cleopatra*, Daniel J. Boorstin nos recuerda lo que decía, lúcidamente, el hoy casi olvidado John Ruskin: "Hay un público distinto para cada imagen y para cada libro". Si un culto no comprende esto, entonces no comprende nada, y seguirá despreciando a los lectores populares.

La lectura y sus definiciones

En las páginas del *Diccionario de lectura y términos afines* de la International Reading Association (IRA), se destinan siete diferentes entradas para lector y casi sesenta para lectura, lo cual nos indica, aunque es obvio decirlo, que hay muchos tipos de lectores y una cantidad ingente de tipos de lectura.

Más allá del lector básico, el caduco, el incapacitado, el maduro, el reacio y el retrasado (según la clasificación de la IRA), Samuel Taylor Coleridge clasificaba a los lectores en cuatro clases:

> A la primera clase pertenecen aquellos que son como un reloj de arena, en el que lo leído es como la arena que va y viene sin dejar huella. A la segunda, los que se asemejan a una esponja, que embebe todo lo leído y lo devuelve en el mismo estado, solamente que algo más empañado. A la tercera, los que son como un colador, que permite pasar el jugo y retiene los posos y residuos. A la cuarta, los que son como los esclavos de las minas de diamantes de Golcondia, quienes, desechando todo lo que no vale, se quedan solo con las gemas puras.

Coleridge se incluía, por supuesto, en esta última clase.

Respecto de las diferentes categorías de lectura, recordemos que Alfonso Reyes, en *La experiencia literaria* (1942), dice que

> hay categorías de la lectura, según que en la representación psicológica del lenguaje domine el orden articulatorio o el visual; según la penetración que la cultura haya alcanzado en los estratos del alma; según los hábitos adquiridos de leer para sí o para los demás, de leer por sí o de escuchar la lectura; según la mayor o menor presteza con que los oídos o los ojos comunican el mensaje al

espíritu; según que la bella escritura, la bella edición o la bella voz nos impresionen más o menos por sí mismas, distrayéndonos más o menos del sentido de las palabras; según que seamos impacientes o dóciles, ante la momentánea abdicación de nuestras reacciones personales que significa este uncirse al pensamiento ajeno, etcétera.

Volviendo al diccionario de la IRA, éste consigna también diversas definiciones para el término general de lectura, que van desde Platón a Bloomfield, Adler, Gray y muchos más. Unas más técnicas que otras, y algunas incluso líricas, todas las definiciones de lectura buscan explicar qué es lo que hace una persona cuando lee. Mediante una combinación de las definiciones de Adler y Gray, podría resultar la siguiente: "En la medida en que es cierto que leer es aprender, también es cierto que leer es pensar. La lectura es el proceso de raciocinio central mediante el cual se 'asigna' significado a los símbolos que aparecen en la página impresa".

Desde luego, esto de "la página impresa" ya ha quedado superado con la pantalla de la computadora pero, en general, la lectura es mucho más que todo lo anterior, es decir, mucho más que un proceso de estricto raciocinio, mucho más que pensar y, seguramente, también mucho más que sentir.

Este diccionario define, entre otras, la lectura aplicada, la asimilativa, la asociativa, la comparada, la complementaria, la de contenidos, la controlada, la correctiva, la correctora, la creativa, la crítica y la deficiente. También la detallada, la dirigida, la estética, la de evasión, la explicada, la expresiva, la extensiva y la funcional. Otras categorías son las lecturas en grupo, del habla, individualizada, intensiva, libre, del ocio, oral, programada, progresiva, rápida, recreativa, silenciosa, temprana, a tropezones, por turnos, en voz alta, en voz baja.

Nos interesa detenernos en la definición de lectura silenciosa: "El acto de leer sin expresar de viva voz lo leído. Cuando se lee en silencio se lee para uno mismo, no para los demás". Y es pertinente citar también la inmediata aclaración: "Si bien la finalidad de la lectura silenciosa es no vocalizar, se ha demostrado que sí se produce una actividad subvocal. Al iniciarse la segunda década del siglo XX, se hizo hincapié en la enseñanza de la lectura en silencio en vez de la lectura en voz alta. Hoy día es la forma más común de leer y al enseñar a leer se insiste sobre ella".

Éste es uno de los problemas mayores de la cultura contemporánea. La euforia de una ganancia (la lectura en silencio) nos llevó a una pérdida cultural, pues haber abandonado prácticamente la lectura en voz alta nos condujo a renunciar a uno de los más exquisitos placeres: interpretar y escuchar la música de las palabras.

Nunca, como ahora, la ironía fue más exacta: gracias a esta pérdida y a aquella ganancia, hoy tenemos una educación de la lectura a la cual se le puede denominar, sin eufemismos, *muda*.

Las trampas del éxito

Los excesos del discurso prolibresco conducen a las personas "ilustradas" a suponer, equivocadamente, que quienes no leen están excluidos, marginados, separados del desarrollo cultural y social; que esta orfandad de lectura los lleva a una incapacidad para enfrentarse con éxito al mundo.

Esto enfatiza, obviamente, el sentido práctico de la lectura, entendida como una herramienta para alcanzar el éxito profesional y, sobre todo, laboral, social, cultural, económico y político, privilegiando en este discurso triunfalista la capacidad de dominio y, por lo tanto, de poder, antes que el gusto desinteresado.

El desarrollo se equipara con escolarización y con diplomas, y aquí la lectura es uno más de los requisitos para estar al día y bien informado. Si la información es dominio, la lectura es fundamental para acceder al poder y pertenecer al grupo privilegiado que lo ejerce.

Se hace la apología de los libros porque se quiere probar que gracias a su lectura se adquieren destrezas y habilidades, y, con ello, puede alcanzarse el éxito en el desenvolvimiento social, empresarial, etcétera. Pero no es sorprendente, ni insólito, que la mayor parte de quienes han alcanzado el éxito en sus vidas (es decir, el éxito de su empresa) muy rara vez lean libros, y en caso de leerlos con asiduidad, estos correspondan más que nada a la materia de su especialidad, a la especificidad de su estanco.

El "hábito de la lectura" que se recomienda en estos casos está estrechamente vinculado con un asunto práctico y, por lo tanto, con la promesa de un resultado utilitario. Triunfan los que leen y se preparan en la especialidad de su competencia; fracasan los que no leen. Pero entre los que leen libros por placer abundan personas consideradas poco menos que parias sociales: su goce, su placer, su dicha de leer libros los ha apartado de un esquema de recompensas, y prefieren estar al margen que vivir en el centro de las decisiones "fundamentales".

Pensar que la lectura transforma a las personas y las convierte en seres más sociables y con mayores capacidades para relacionarse con los demás y contribuir a un esquema colectivista de progreso es también ingenuo. Entre quienes leen hay muchos antisociales, inconformes, indisciplinados, opositores al *establishment*, gente conflictiva precisamente porque lee. Porque la lectura placentera es esencialmente un acto subversivo que no se subordina a recompensa de ninguna especie.

Que los académicos, por lo general aplicados, hayan convertido al antisocial Kafka en su "tema de estudio" es algo que sólo es posible comprender a la luz de las paradojas de este mundo. Seres racionales en extremo, disciplinados en extremo, faltos de todo ímpetu que no sea la recompensa salarial y el éxito profesional de los escalafones, estudian día y noche, en el privilegio de sus cubículos, a un escritor maldito que vomitó sobre el mundo y tratan de meter en una racionalidad exquisita lo que no acepta ninguna explicación exquisita.

No deja de ser hipócrita que, desde un discurso relamido y políticamente correcto, se recomiende la lectura de libros con el argumento de que éstos nos edifican, cuando todos sabemos que, si partimos del desdén y el rechazo social, y sobre todo del desdén y el rechazo oficial, los escritores (vivos) son lo menos ejemplar y edificante que existe.

De este modo, la recomendación de la lectura se convierte en una abstracción inocua, como cuando los estados (en todo el mundo) promueven la admiración de los monolitos y edificaciones de los nativos antepasados (que murieron hace siglos), pero miran y tratan con desdén a los descendientes actuales de quienes construyeron pirámides y esculpieron monolitos.

Luis Cernuda dice con acierto algo que se puede aplicar a cualquier escritor en cualquier tiempo y en cualquier nación: "¿Qué país sobrelleva a gusto a sus poetas? A sus poetas vivos, quiero decir, pues a los muertos, ya sabemos que no hay país que no adore a los suyos".

Un epigrama de la tradición sufí describe lo que hacen comúnmente los estados y los eruditos con los escritores: "Lo que más les importa es su propia opinión y su propia interpretación. No les preocupa nada la verdad. Cuando están vivos los atormentan. Cuando se mueren, se hacen especialistas en su obra".

La lectura como requisito para el éxito está del todo alejada del placer desinteresado; se inscribe más bien en el esquema curricular de las recompensas que ha hecho de la escuela ese penoso rito de paso en el cual sería asombroso que halláramos un momento de dicha, un instante de placer. La helada meritocracia conduce al que lee a sufrir los libros que se le imponen para que sea mejor, para que triunfe, para que alcance el éxito, y después para que olvide, desdeñe y aborrezca esos objetos de su sufrimiento, los cuales tuvo que aceptar como requisitos incidentales, no como compañeros permanentes.

La lectura como un paso para el éxito profesional, social y económico no tiene nada que ver con el gusto de disfrutar desinteresadamente una aventura de la emoción y la inteligencia. La lectura como exigencia del éxito tiene su sustento en la escolarización, y ni siquiera en el saber sino tan sólo en el currículo. El concepto de lectura que más se promueve en el mundo es aquel que la concibe como un paso previo al logro económico, ese logro mediante el cual se mide el desarrollo. Por lo tanto, un concepto desinteresado de lectura no sólo es impensable sino también aborrecible.

En una observación particularmente desconsoladora acerca de lo que los gobiernos y los organismos culturales internacionales identifican con la trilogía *educación, cualificación* y *desarrollo* (que puede llegar a convertirse en una santísima trinidad), Ronald Dore no deja lugar a dudas sobre el papel utilitarista que les confiere la escuela a la lectura y a la capacidad de aprender:

> La mayoría de las personas, cuando hablan de "educación" piensan en un proceso de aprendizaje —bien mediante una formación disciplinada o por métodos experimentales más libres y agradables— que tiene el "dominio" como objeto. Se puede buscar el conocimiento en sí mismo, por el placer y el goce de utilizar la mente. Puede buscarse para satisfacer algún criterio de autorrespeto: el muchacho que persiste en practicar la lectura para que también le toque leer la lección en la iglesia; el científico social adulto que quiere entender de computadoras para ponerse al nivel de sus colegas más jóvenes. Puede buscarse también para aplicarlo provechosamente: el hijo del comerciante aprende contabilidad a fin de ser un comerciante mejor y más rico. Puede buscarse por respeto a cierto concepto de una vocación profesional, como cuando el médico lee informes sobre los últimos descubrimientos en urología con objeto de ser un médico mejor y más consciente de su formación. En cualquier caso, aunque ese saber sea un fin en

sí mismo o se adquiera para aplicarlo, y aunque esa aplicación sea práctica o un simple placer personal, lo que cuenta es el dominio de dicho conocimiento.

El paso siguiente es que ese dominio sea certificado; ahí donde ya no importa siquiera el aprendizaje para un fin, ni mucho menos la ambición de mejorar la conciencia de uno mismo por lo que respecta a lo humano, sino donde lo relevante es, para siempre, el prestigio social y el currículo.

Leer o ser millonario

Se da por sentado que a mayor capacidad económica, mayor potencialidad cultural. Pero en nuestro medio, y posiblemente en cualquier medio, aun con las excepciones de rigor, los millonarios no sólo no son cultos sino que ni siquiera tienen interés por la cultura.

Si trasladamos esto al ámbito del libro y la lectura, las generalizaciones sociológicas podrían concluir también que una mayor fuente de ingreso generará mayor compra y lectura de libros. Pero (otra vez) en nuestro medio, y posiblemente en cualquier otro, con las excepciones que confirman la regla, los ricos no leen, aunque pudiesen comprar libros todos los días. La lectura no está entre sus afanes, y los libros no significan nada para ellos, a menos que un libro les diga (y les garantice) cómo hacerse más ricos.

Salvo por lo que vemos en las secciones de sociales de los diarios y en las revistas de negocios, no conocemos la vida cotidiana de los millonarios, pero sería muy sorprendente que tuviesen al libro entre sus prioridades o, por lo menos, en el mismo nivel de interés que le conceden a jugar golf, practicar tenis, viajar, hacer negocios, asistir a reuniones filantrópicas, frecuentar restaurantes en reuniones sociales y aparecer en las revistas especializadas en la frivolidad.

El estudio socioeconómico según el cual a mayor capacidad de compra, mayor cultura puede desmentirse de la manera más simple: con sólo oír hablar a los ricos y millonarios, independientemente de que hayan ido o no a la universidad. Sus intereses son tan precisos que el libro y la cultura sólo podrían ser vistos por ellos como una improductiva ociosidad. En su libro *La red*, Juan Luis Cebrián anota:

> El problema sigue siendo que el mayor tiempo dedicado, hoy en día, por los ciudadanos a contemplar la televisión y a jugar en internet se le hurta en gran parte a la lectura. La mayor facilidad con que se mira la televisión, frente al esfuerzo que significa leer, desanima a los jóvenes y a las clases menos educadas. Lo expresaba muy bien aquel adolescente cuando, interrogado sobre su porvenir, contestó con desparpajo: "No leo libros; quiero ser millonario".

Hay múltiples ejemplos de quienes, sin leer libros (o precisamente por no leer libros), se han hecho millonarios. Y también hay múltiples ejemplos opuestos y descorazonadores: personas que se han pasado toda la vida "cultivándose" y no tienen siquiera dónde caerse muertas.

La lectura —parece claro, pero no todo el mundo lo entiende— no es un oficio; es, estrictamente, una desocupación. Leer libros quita tiempo para emprender asuntos prácticos (por ejemplo, hacer dinero), y se necesita ser muy pero muy ingenuo para creer que los millonarios cultos y ávidos lectores son más estimados entre sus congéneres.

El problema de la lectura poco o nada tiene que ver con los alcances del bolsillo. Hay ilustres pránganas que han leído bibliotecas enteras (entre otras cosas porque jamás devuelven los libros que piden prestados) y, en contrapartida, hay gente muy próspera a la que jamás se le ve un libro en la mano y que nunca cometerá la mala educación de hablar de una lectura reciente porque, entre otras cosas, su lectura más reciente la hizo, por obligación y a vuelapágina, en la preparatoria.

En su decálogo dirigido al escritor, Stephen Vizinczey aconseja no tener ambiciones contradictorias. Es preciso decidir, dice, qué es lo que se quiere: vivir bien o escribir bien. Y aunque no falta la gente que piensa que puede cumplir ambas cosas sin caer en esquizofrenia aguda, hay que ver con objetividad cómo viven y, sobre todo, qué escriben.

En cuanto a la lectura, la disyuntiva para los jóvenes parece ser la que ilustra Cebrián en su libro sobre la denominada sociedad digital. Si para ser millonario no se necesita leer libros (¿cuántos libros habrán leído los de la lista de Forbes?), entonces ¿para qué leerlos? Lo que es más, leerlos significa desviar el camino de las consecuciones importantes. Ya lo ven: de tanto perder el tiempo en la lectura de libros, hay un sector de improductivos cuyo oficio ni siquiera les da para ser sujetos de crédito. Y eso de que la lectura enriquece el espíritu, cuando lo oyen los magnates se mueren de la risa.

El arte de no leer

En sus *Parerga y paralipómena* (1851), Arthur Schopenhauer incluye algunas reflexiones provocadoras acerca de la lectura, que deberían llevarnos a meditar sobre un asunto del que se opinan las cosas más asombrosas porque, por lo general, quienes no leen pero creen que leer es importante tienden a ver como un asunto místico y de disciplina correccional lo que en realidad es, si se lo define sinceramente, uno de los ejercicios más placenteros de la desocupación humana.

Digámoslo sin hipocresías, sin sentencias "elevadas", sin patéticas pretensiones, como lo expresó alguna vez Gabriel García Márquez: leer es una hermosísima falta de oficio de la más pura inclinación hedonista. ¿Para qué le inventamos aplicaciones (y explicaciones) graves? Tan sólo para no sentirnos culpables de que al leer perdemos el tiempo. Pero sí, únicamente desde las glorias del placer, la lectura es un acto provechoso y puede llevarnos, por esa vía, al conocimiento. Lo demás son monsergas; cosas que inventan las personas menos afectas a leer pero que todo el tiempo nos están diciendo que leamos.

Todos los días podemos conocer a personas como estas: gente a la que se le llena la boca cuando dice que leer es fundamental para la vida. Pero uno no encuentra que haya sido fundamental para la vida de quien lo dice. Si estas personas suponen que leer es bueno es por todo un cúmulo de equívocos culturales. Para los que no leen llega a ser tan fastidioso que les insistan en los beneficios que conlleva la lectura, que acaban sintiéndose insultados por esa carencia y llegan a sospechar que hay un complot contra ellos, los no lectores.

Pero, como afirma Schopenhauer, el arte de no leer es de suma importancia.

> Consiste en no echar mano de lo que en cada momento interesa al gran público por el mero hecho de que así suceda, por ejemplo a los panfletos políticos o literarios, novelas, poesías, que más ruido hacen y que aparecen en varias ediciones en su primer y último año de vida, sino que más bien se ha de tener en cuenta que quien escribe para los necios siempre encuentra un gran público.

Claro, dirán los que escriben para el gran público y triunfan en las marquesinas culturales: lo dijo Schopenhauer, que nunca tuvo un gran público. Sí, lo dijo él, que nunca tuvo un gran público, porque el gran público, entre otras cosas, se hace por lo general con grandes equivocaciones.

Schopenhauer pensaba, y no estaba equivocado, que el tiempo destinado a la lectura, el cual (digan lo que digan) siempre es escaso, se debe dedicar a las obras de los grandes espíritus de todas las épocas y naciones, que tampoco son demasiados, aunque no nos alcance la vida para agotarlos.

¿Agotarlos? Ni falta que nos hace. Quien lea para agotar las obras de los grandes espíritus es otro necio. Leer no es una carrera contra el tiempo para acumular más lecturas que los demás. Hay muchos que leen mucho, muchísimo, una barbaridad, a los grandes espíritus, y no se les nota jamás lo que leen, porque lo esconden muy bien o porque sencillamente creen que leer es tan solo un ejercicio de "comprensión" y "competencia" lectoras. Lo mismo les puede dar Stendhal que Montaigne y seguir por el mundo como si no los hubiesen leído. Eso sí, tienen fama de eruditos, de conocedores, de cultos, de bibliotecas ambulantes, de sabios que si andan malhumorados y repartiendo bilis es porque habitan en otra esfera del universo, inaccesible para los incultos. Acerca de éstos, Schopenhauer llegó a decir:

> Quien lee muchísimo y casi todo el día, y en los ratos libres descansa con pasatiempos que no exigen pensar, va perdiendo paulatinamente la capacidad de pensar por cuenta propia, igual que alguien que monta mucho a caballo termina por no saber andar. Tal es el caso de muchísimos eruditos: se han vuelto tontos a fuerza de leer [...].
>
> Leer en exceso priva al espíritu de toda elasticidad, al igual que la presión de un peso se la quita a un resorte, y el medio más eficaz para no tener ideas propias es abrir un libro tan pronto dispongamos de un minuto de ocio. Así es como la erudición hace a la mayoría de las personas aún más aburridas y necias de lo que lo son ya por su propia naturaleza.

Todo esto lleva a Schopenhauer a concluir que la diferencia entre un erudito y un genio es que el erudito ha leído en los libros y el genio, el benefactor del género humano, ha leído directamente en el libro del mundo.

William Hazlitt coincide a su modo con ello y, sin vacilaciones, afirma: "Difícilmente se encontrará a nadie con menos ideas en la cabeza que los que no son otra cosa que autores o lectores. Mejor no ser capaz de leer ni escribir que ser sólo capaz de eso".

Un siglo antes, en el XVIII, Lichtenberg, en su despiadada crítica contra los eruditos vacíos, acuñaba un par de aforismos devastadores: "En verdad hay muchos hombres que leen sólo para no pensar" y "La mucha lectura nos ha brindado una barbarie ilustrada".

Lichtenberg se mofaba de toda esa gente que cree que todo lo que hace con cara seria es razonable; esa gente, decía, que ante los demás arruga la nariz antes de aprender a sonársela. Su conclusión, hablando de los alemanes, no puede ser menos sarcástica: "El saludable apetito que nuestros antepasados tenían por la comida se ha transformado en otro no tan saludable por la lectura. Así como una vez los españoles corrieron para vernos comer, así vienen los extranjeros para vernos estudiar".

"Dejadnos olvidar"

A propósito de las relaciones entre el lenguaje, la literatura y la inhumanidad política, George Steiner escribió en 1959 un lúcido y extraordinario ensayo que, como él mismo dice, provocó antipatías. ¿Por qué? Porque dijo la verdad y, al igual que lo hiciera en su oportunidad Günter Grass, tuvo "la indispensable ausencia de tacto para sacar a relucir el pasado" y, como pocos, "hundió la nariz de sus lectores en la gran piltrafa, en el vómito de su época".

Es claro, desde luego, que a nadie, ni siquiera como lector, le gusta que le hundan la nariz en el vómito, así sea nada más (aunque también nada menos) el de su época. Pero el problema que veía Steiner respecto de Alemania y de los alemanes es la letanía, aparentemente justa y moral, de quienes, incluso siendo culpables, decían "Dejadnos olvidar", como si con olvidar se borrara toda la historia de iniquidades y crímenes. Más que olvidar, lo que se necesita es recordar y avergonzarse, para no volver a caer jamás en la tentación del mal. Porque, decía entonces Steiner,

> las viejas caras reaparecen en todas partes. En los tribunales se sientan algunos de los jueces que aplicaban las sangrientas leyes de Hitler. En muchos centros académicos hay catedráticos que fueron en su día los primeros en pedir la muerte de sus profesores judíos o socialistas. En cierto número de universidades alemanas y austríacas los fanfarrones vuelven a jactarse de sus gorras, sus cintas, sus cicatrices de duelo, sus ideales "puramente germánicos".

"Dejadnos olvidar", piden incluso los culpables, y en esa solicitud hay una especie de reproche y de chantaje a las víctimas; como si todo se redujese a una descarga de resentimiento. "Dejadnos olvidar", dicen los que dicen que no vieron nada, que de nada se enteraron, como si el mal no hubiese sido visible y palpable. Y, en el esquema de un chantaje así, las víctimas pasan a ser culpables y los culpables pasan a ser víctimas, víctimas porque, ¡pobrecitos!, no los dejan olvidar.

"Todo se olvida —responde Steiner—. Pero no un idioma. Cuando se ha llenado de falsedad sólo puede depurarlo la verdad más imperiosa. Sin embargo, la historia de posguerra del idioma alemán ha sido la historia del disimulo y el olvido deliberados. El recuerdo de los horrores pasados ha sido desarraigado a conciencia".

Steiner encontró, lúcidamente, que la supuesta fuerza civilizadora de la cultura, de la literatura, de las artes y del libro no fue transferible, en la Alemania nazi, a la conducta de la mayor parte de quienes creían incluso en las poderosas e incorruptibles energías del espíritu. Todo este diagnóstico resultó válido no solamente para Alemania y su ruina humana, sino para cualquier nación, aunque en Alemania se haya dado el mayor ejemplo de la barbarie.

¿De qué sirvieron toda la cultura y todo el pasado ilustre del arte, si nada de eso fue capaz de evitar la vergüenza de ese tiempo? Pero no sólo no fue capaz de evitarla, sino que incluso sirvió para justificarla: un pueblo culto no podía estar cometiendo, naturalmente, tanta bajeza. Aún hoy hay quienes afirman que aquella historia es producto de una exageración de los medios sensacionalistas, que en Alemania nunca llegó a ser tan terrible la deshumanización.

No sólo gracias a Steiner, pero también gracias a él, hoy sabemos que es completamente falso que la cultura sea capaz de salvar al ser humano de los excesos nocivos de la conducta y que incluso los que se sienten inteligentes (y muchas veces sobre todo ellos) están permanentemente tentados a cometer los peores atropellos, con la tranquilizadora justificación de saber qué es bueno para los demás, qué les conviene.

Lo sabemos, incluso si pretendemos ignorarlo u olvidarlo: los movimientos mesiánicos, los autoritarismos ideológicos, la admiración por los fusiles y por los poderosos, los consorcios venales y propagandísticos han salido de las universidades y de los centros de altos estudios, del mismo lugar de donde han salido los más grandes beneficios para la humanidad.

Juvenal creía que nadie se hace malvado de repente. Tampoco nadie se hace bueno así como así. El mal y el bien se incuban y un día afloran, independientemente de la cultura; más allá, por supuesto, de todos los edificantes libros que se lean.

A los que piden, o más bien exigen, "Dejadnos olvidar", no hay que darles lo que desean, tan ansiosamente, con semejante chantaje. No hay que dejarlos olvidar. Hay que recordarles siempre que una cultura que no sirve para evitar el mal, es tan sólo un lujo inmerecido.

5. El libro y la cultura escrita en la aldea global

Los lectores de la palabra impresa suelen escuchar que sus herramientas son anticuadas, sus métodos obsoletos, que deben conocer las nuevas tecnologías o sufrir el abandono de la manada que galopa. Quizá. No obstante, si bien somos animales gregarios que deben seguir los preceptos de la sociedad, también somos individuos que aprenden sobre el mundo al reimaginarlo, al ponerle palabras, al recrear nuestra experiencia a través de esas palabras. Al final, quizá sea más interesante y más iluminador concentrarse en aquello que no cambia en nuestro oficio, en aquello que define de manera radical el acto de la lectura, el vocabulario que usamos para intentar entender, como seres autoconscientes, esta habilidad única nacida de la necesidad de sobrevivir gracias a la imaginación y la esperanza.

ALBERTO MANGUEL

¿El fin del libro?

Desde hace más de medio siglo, cuando el canadiense Marshall McLuhan publicó *La galaxia Gutenberg* (1962) y firmó apresuradamente el acta de defunción de la cultura escrita, puede afirmarse que no pasa un año en el que no se anuncie (y hasta se festeje) la inexorable desaparición del libro.

Sin embargo, año con año asistimos no a la verificación de tan apocalíptica profecía, sino a la comprobación de que el libro no sólo no desaparece sino se revitaliza, y para hacer más absurda la ironía, surgen nuevos sellos editoriales, grandes y pequeños, que, a contracorriente, se entregan a la heroica y a veces disparatada tarea de publicar títulos que, según se afirma, casi nadie compra y, lo que es peor, casi nadie lee. Luego, si publicar libros no es negocio (hipótesis que amerita el beneficio de la duda), entonces es un vicio irremediable que tiene una buena cantidad de consumidores que no han permitido que la adicción se extinga.

Nunca como hoy la profecía catastrofista sobre el presente y el futuro del libro parece tan cumplida. Muchos nos aseguran que, ahora sí, sin la menor duda, el libro de formato convencional, es decir, antiguo, pasará a mejor vida, y junto con él todo lo que ha sido, ortodoxa y tradicionalmente, su función como vehículo de cultura. Y ahora sí, también, a darle la razón a McLuhan sobre la decadencia del "hombre tipográfico" y a vivir felices en ese estadio de civilización que el canadiense caracterizó en la imagen de su tan famosa "aldea global", anunciada en *La galaxia Gutenberg* y recordada en *Guerra y paz en la aldea global.*

A la era tipográfica sobrevino la era electrónica y, como un paso superior a esta, ahí donde se detuvo McLuhan, o donde la muerte lo detuvo, en 1980, se nos abrieron los cielos ni más ni menos que del paraíso digital.

Los entusiastas predicadores de la tecnología digital, que suelen confundir la acumulación de datos con el conocimiento y la erudición con el saber, oponen al viejo concepto *cultura* el "insurgente" término *información*, y hablan de las muchas ventajas que significa el disponer de tantísima información, sin admitir que en cuestión de libros no todo se reduce a lo informativo.

En un alarde de obstinado desprecio, hay quienes insisten en la insistencia de McLuhan y, no obstante el fracaso de sus profecías a lo largo de cincuenta años, nuevamente dan por muerto al libro (y por extensión a la escritura) como fundamento de la cultura, y nos aseguran que esta vieja pieza de los museos que son hoy las librerías y las bibliotecas, nada tiene que hacer frente a las computadoras personales, internet, el mundo perfecto de la aldea global. Su fe ciega en la información y en la tecnología se ha convertido en el pilar de una nueva religión laica que con frecuencia se fundamenta en el dogma y rechaza todo cuestionamiento racional.

Una de las más pertinentes objeciones es que el concepto político de la aldea global olvida de pronto las aldeas periféricas, marginales y perdidas que no cuentan, ya no digamos con computadoras, sino simple y sencillamente con energía eléctrica. Recuerda Carlos Fuentes en su libro *Tres discursos para dos aldeas*:

> Jacques Attali contrasta los "nómadas veloces", que portan consigo sus señas de identidad (fax, computadora, jet), a los "nómadas lentos", que caminan con sandalias y montan burros o camellos. Provenientes de las antiguas periferias del Occidente, estos excéntricos introducen no sólo un contraste sino, acaso, una contradicción diaria en el funcionamiento suave y eficaz de una maquinaria de integración que Robert Reich define como "la red global", excluyente de particularidades nacionales.

En otras palabras, para creer en ese universo ideal y despersonalizado de la aldea global y en aras de la vasta y a veces inútil información, sus predicadores y ministros se olvidan, ni más ni menos, de la cultura. Pero en virtud de que el santo profeta McLuhan lo dijo, debemos creerle y repetir con él, más aún en nuestros días, que

> lo que comenzó como una "reacción romántica" hacia la integración orgánica puede o no haber acelerado el descubrimiento de las ondas electromagnéticas. Pero es cierto que los descubrimientos electromagnéticos han hecho resucitar el "campo" simultáneo en todos los asuntos humanos, de modo que la familia humana vive hoy en las condiciones de "aldea global". Vivimos en un constreñido espacio único, en el que resuenan los tambores de la tribu. Por ello, la preocupación actual por lo "primitivo" es tan banal como la preocupación del siglo XIX por el progreso, y tan ajena a nuestros problemas.

Libros y revistas sin páginas a través de las computadoras, y talleres literarios por internet. Esto es lo que ya hay, y mucho más lo que nos prometen para el futuro inmediato, tan inmediato que toda predicción sale sobrando, porque, para decirlo pronto, con el fin del segundo milenio, según esto, asistimos a la muerte definitiva del libro. Así, sin más. Los más anhelados sueños de la ciencia ficción hechos realidad.

Todo esto tiene que ver, indudablemente, con el presente y el futuro de la literatura (incluida la poesía), y con el presente y el futuro de los modos de apreciar, compartir y difundir la experiencia literaria y poética. Pero, contra lo que se dice, estamos muy lejos de la desaparición del libro convencional y del fin de la cultura escrita, pese a la afirmación de que la era electrónica ha alcanzado su estadio superior con la civilización digital, cuya prueba más concreta es la lectura y la escritura de libros sin páginas, a través de la pantalla en internet.

La mejor computadora no ha sido capaz de derrotar al peor best seller en papel. El libro convencional goza de perfecta salud, por más que los entusiastas de los medios digitales concluyan que ha dejado de ser necesaria la relación estrecha entre las personas y los libros, puesto que para eso están las pantallas de las computadoras personales y de los aparatos de televisión en la sucursal de la aldea global que son cada casa y cada oficina.

Precisamente en ese libro que, por añadidura de la ironía, lleva por título *Los demasiados libros*, Gabriel Zaid nos advirtió:

> Nos quejamos de la confusión de lenguas, de la variedad de conversaciones, porque soñamos con la atención universal, abarcable para nuestra finitud. Pero la cultura es una conversación cuyo centro no está en ninguna parte. La verdadera cultura universal no es la utópica aldea global, en torno a un micrófono; es la babélica multitud de aldeas, todas centros del mundo. La universalidad asequible es la finita, limitada, concreta, de las conversaciones diversas y dispersas.

El triunfo del best seller

En 1970, en un best seller que llamó poderosamente la atención de su época, *El shock del futuro*, Alvin Toffler pronosticó y describió una serie de nuevos hábitos individuales y sociales referidos a la adaptabilidad y la supervivencia en un mundo caracterizado por la sentencia pragmática "Tírese después de usado".

Advertía Toffler que la primera lección que tenían que aprender todos en una nueva sociedad era que las relaciones del ser humano con las cosas y con los demás se caracterizaban por ser cada vez más temporales. De tal forma que en vez de estar ligados a un solo objeto y a sólidas amistades durante un largo tiempo, los bien adaptados tendrían que destinar tan sólo muy breves períodos a una sucesión de objetos y de intereses personales (más que amistades), sustitutos de todos aquellos que, en otro momento y bajo otras circunstancias, nos hubieran parecido imposibles de intercambiar.

En el universo del libro es precisamente la transitoriedad de las cosas y de las personas en nuestra vida lo que le da sustento al best seller, una obra que tiene sentido sólo en la medida de su caducidad inmediata, cuando la noción de lo clásico es inexistente y la temporalidad de un libro se asemeja a la de las revistas mensuales porque, entre otras cosas, "muchos libros no son más que revistas de un solo número".

En vez de la paciente y profunda formación, la inmediata, efímera y superficial información. Si aprender algo sólido y perdurable podía antes ocuparle al lector toda una vida de dedicación y deleite, ahora, al privilegiarse el "conocimiento" inmediato y la copiosa información para lo instantáneo, Shakespeare y Balzac sirven muy poco, a menos que sean condensados y adaptados a un mundo donde las referencias sean prácticas pero los contenidos más hondos totalmente prescindibles.

Los profetas de la desaparición del libro o, por lo menos, del papel protagónico del libro como herramienta fundamental de la lectura y la escritura y para la adquisición de información, conocimiento y disfrute, parece que han ganado la batalla si tomamos en cuenta que, incluso hoy, los escritores se sumergen todos los días y todas las noches en sus computadoras personales y leen y escriben libros para el consumo inmediato, en los que lo informativo es lo esencial: obras coyunturales, de impacto instantáneo, por encargo de los editores; obras que serán relevadas y materialmente barridas por una "última novedad" la próxima semana.

La consecuencia de esto es que los nuevos volúmenes que cada semana inundan las mesas de novedades de las librerías tienen como su fuente principal internet, lo mismo si se refieren a plantas medicinales y medicinas alternativas que si versan sobre asuntos económicos, políticos, históricos, antropológicos o artísticos. Basta con navegar, copiar, cortar y pegar, y el libro instantáneo se hace en cinco días para pasar inmediatamente a otra cosa.

Alvin Toffler, que de esto sabía mucho y que participó también en la fundación del reino del best seller, tenía al menos la capacidad para entender, articular y explicar el fenómeno. Así, en *El shock del futuro* caracterizó el fenómeno del *bestsellerismo*, que tiene en nuestros días un reino aparte. Escribía entonces:

> La increíble expansión de conocimiento implica que cada libro (¡ay!, también éste) contenga una fracción cada vez menor de todo lo que se sabe. Y la revolución de los libros de bolsillo, con su alud de ediciones baratas, mengua el valor derivado de la rareza del libro, precisamente en el mismo instante en que la rápida pérdida de actualidad de los conocimientos reduce su valor informativo a largo plazo. Así, en Estados Unidos, un libro de bolsillo aparece simultáneamente en cien mil quioscos de periódicos, sólo para ser barrido, treinta días más tarde, por otra ola de publicaciones. De este modo, la temporalidad del libro se asemeja a la de las revistas mensuales.

Añadía que al mismo tiempo se acortaba la duración del interés del público por un libro, aunque éste fuera muy popular, y los periódicos, revistas y suplementos encargados de publicitar los productos literarios tendían a centrar su interés en lo más inmediato. El tiempo le ha dado la razón a su diagnóstico: cada vez son menos las "semanas de éxito" de un libro, es decir, cada vez se acorta más el tiempo que permanece un best seller en la lista de los más vendidos. "Creamos y gastamos ideas e imágenes a velocidad creciente —concluyó Toffler—. El conocimiento, como las personas, los lugares, las cosas y las formas de organización, se vuelve cada vez más fugaz".

El triunfo del best seller es también el triunfo de la información instantánea y de la trivialidad sobre la profundidad del conocimiento; el triunfo de la información inmediata sobre la formación paciente y creativa. Quienes todo lo apuestan a las triunfales proezas de la tecnología creen que saben porque están al día en asuntos "decisivos", cuando lo realmente decisivo pasa todos los días junto a ellos sin ellos percatarse porque están muy ocupados en modificar un día sí y otro también los conocimientos que se vuelven inoperantes a cada momento.

En el siglo XVIII, Voltaire advertía:

> Hoy nos quejamos de tener un exceso de libros: pero de esto no deben quejarse los lectores, porque nadie les obliga a leer. A pesar de la cantidad enorme de libros que se publican, es escasísimo el número de individuos que leen; y si leyeran con fruto, ¿dirían las deplorables tonterías que llenan sus cabezas? Lo que multiplica los libros es la facilidad que hay para escribir otros, sacándolos de libros ya publicados.

El triunfo del best seller (confiemos en que sea reversible) es, asimismo, la derrota del concepto clásico y profundo de la lectura; un concepto cultural avasallado por la inmediatez.

Stephen Vizinczey escribió que no podemos leer sin involucrar a nuestro subconsciente y desnudar nuestro ego, por lo cual "cuando leemos somos extremadamente vulnerables y sólo nos sentimos felices con los autores que comparten nuestras inclinaciones, intereses, prejuicios, ilusiones, pretensiones, sueños, y que tienen los mismos valores, las mismas actitudes hacia el sexo, la política, la muerte, etcétera".

El best seller es un libro que se escribe y que se lee para tratar de olvidar que somos, precisamente, vulnerables.

De McLuhan a Negroponte

Si ha transcurrido más de medio siglo desde que el profeta McLuhan sentenció la extinción del libro y el fin del tiempo y el espacio lineales, y el libro es un muerto saludable que todavía no termina de morir, ¿será precisamente el perfeccionamiento de los procesos digitales lo que le dé el tiro de gracia? Y si, por cómica ironía, McLuhan no mató bien a sus muertos (el libro y la tipografía) precisamente a través de un par de libros (*La galaxia Gutenberg*, 1962, y *Guerra y paz en la aldea global*, 1971), ¿por qué estar tan seguros de que, nuevamente a través de un libro (*Ser digital*, 1995), un heredero de McLuhan, Nicholas Negroponte, acertará, ahora sí, allí donde el primer profeta no pudo?

No deja de ser gracioso que los enterradores del libro en papel lo usen para decirnos que publicar libros no tiene ningún futuro ni ningún sentido. Si tan seguros están de que el libro ha dejado de servir como vehículo cultural, ¿por qué publican ellos un libro en papel para decirnos que los libros tradicionales están en vías de extinción? ¿Por qué no dejan esas palabras únicamente en la pantalla?

Para decirlo pronto, el optimismo recalcitrante de los profetas digitales que auguran la muerte del libro se funda en varias mentiras y en una serie de medias verdades que en el momento de ser analizadas revelan su inconsistencia. Está probado que por muy veloces que sean las computadoras, no pueden dar la perspectiva de conjunto que ofrece un libro.

Sin embargo, Negroponte, fundador y director del Laboratorio de Medios del Massachusetts Institute of Technology, tras confesar, sin más, que no le gusta leer ("Espero, mi estimado lector, que la lectura de este libro le interese y lo atrape. Y se lo está diciendo alguien a quien no le gusta leer"), asegura en *Ser digital* que no tenemos que esperar el futuro del libro sino celebrar su presente, el cual se halla en las pantallas de las computadoras y no en los estantes de las librerías y las bibliotecas.

Festeja con entusiasmo lo que él llama los libros sin páginas, porque, según su experiencia y convicción, es más fácil y mejor leer y escribir en las pantallas, mientras que "en un libro impreso, las frases, los párrafos, las páginas y los capítulos se suceden en un orden específico, determinado no sólo por el autor, sino también por la constitución física y secuencial del libro mismo", y por ello, "a pesar de que un libro puede ser aleatoriamente accesible y sus ojos [los del lector] pueden recorrerlo al azar, siempre está limitado por los confines de las tres dimensiones físicas". Concluye con alborozo:

> Éste no es el caso en el mundo digital. El espacio ocupado por la información no está, de ninguna manera, limitado a tres dimensiones. La expresión de una idea, o una secuencia de ideas, puede incluir una red multidimensional de indicadores que apuntan hacia futuras elaboraciones o exposiciones, que pueden ser llamadas o ignoradas. Hay que imaginarse la estructura del texto como un complejo modelo molecular. Se pueden reacomodar trozos de información, ampliar oraciones y dar al momento las definiciones de las palabras [...]. Estas interconexiones pueden ser incluidas o bien por el autor en el momento de la "publicación", o, más adelante, por el lector, cuando éste lo considere oportuno.

Lo que revela este alborozo de Negroponte es que no tiene ni la más remota idea de lo que es un libro de literatura ni mucho menos de poesía, lo cual es previsible si él mismo se define como alguien a quien no le gusta leer. Por ignorancia o por incapacidad, confunde las cosas y cree que todo se reduce a información y tecnología cuando, en el caso de la literatura y en particular de la poesía, lo fundamental es la emoción, que abre las puertas a verdades insospechadas por aquellos que desdeñan todo lo que no tenga el carácter de utilidad.

Al igual que Negroponte, muchos creen que la cultura escrita, a partir de ahora, tiene que ser de otro modo (sin decirnos exactamente cómo) y que el libro cambiará tan radicalmente que su inmediato futuro será desaparecer.

En *El último juglar*, las memorias de Juan José Arreola escritas por su hijo Orso, el autor de *La feria* hace la siguiente reflexión:

> Hace poco en Bellas Artes dije que Juan Rulfo es un escritor imposible, lo aseveré con la convicción de que la mayoría de los escritores de hoy son posibles, se repiten, escriben por oficio, participan con ganancias en el mercado editorial, que bien manejado se convierte en una industria próspera. ¿Para qué escribir algo inferior a lo que se escribió la semana pasada, el año pasado? En ese sentido se ha perdido el gusto literario por aproximar a la literatura con el arte, con la idea de creación. En mi caso, no escribo para no repetirme, ni para publicar textos inferiores a los que ya publiqué. ¿Qué caso tendría? Estamos llenos de libros que no hacen falta y faltan los autores y los libros capitales para que eso que entendemos como cultura

> occidental no se pierda en los estrechos laberintos de las computadoras, que en la mayoría de los casos han sido programadas por hombres falibles; tal es el caso de *Deep Blue*, la computadora campeona de ajedrez, y de internet, que, fuera de los usos científicos y académicos útiles para la humanidad, corre el riesgo de convertirse en el basurero de la estupidez humana.

A decir de Umberto Eco, no debemos confundir información con formación ni poner en un mismo plano el libro de lectura con las obras de consulta (diccionarios, manuales, enciclopedias), pero, sobre todo, no debemos confundir lectura y cultura con información y tecnología. A su juicio, el libro que tiene fin y principio y que no se lee en un punto específico de consulta tendrá seguramente larga vida durante el tercer milenio.

Si todo este cúmulo de razones no bastara, habríamos de prestar atención a las razones pragmáticas que ofrece Gabriel Zaid: "La televisión y la prensa son tan caras que ni siquiera pueden vivir del público: viven de los anunciantes. El cine, la prensa, la televisión, requieren públicos de cientos de miles para ser costeables. Los libros, sin anuncios, se pagan con unos cuantos miles de lectores. No se ha inventado nada más barato para dirigirse a tan poca gente".

Es evidente que los libros en papel que pueden ser reemplazados por un archivo electrónico no son precisamente las obras de creación literaria, sino los libros donde la búsqueda temática (sintetizada por lo demás) resulta mucho más cómoda que recorrer las páginas de enormes volúmenes, para los que a veces ni siquiera encontramos sitio dónde ponerlos.

La creación literaria, por el contrario, tiene su mejor vehículo en el libro convencional, y quienes, en virtud de los avances digitales, auguran la muerte del libro tal y como hoy lo conocemos, lo único que revelan es que, al igual que Negroponte, jamás fueron verdaderamente afectos a leer y que ante las opciones de ver una pantalla (sea la de la televisión o la de la computadora) y abrir las páginas de un libro, prefirieron siempre la primera.

La invención del libro, con las características básicas que le conocemos ahora, es decir el *codex*, en sustitución del rollo, data de los primeros siglos de nuestra era. Ya desde el siglo I, según afirma Svend Dahl en su *Historia del libro*, comenzó a coexistir el rollo de papiro con el códice de este mismo material, que se perfeccionaría hacia el siglo IV con la utilización del pergamino.

Aunque en la Antigüedad era del todo normal y cotidiano el uso de los rollos, uno de sus inconvenientes fundamentales era que si se quería consultar algún párrafo particular era preciso desenrollarlo prácticamente en su totalidad, lo cual resultaba sumamente incómodo, sobre todo si se trataba de uno voluminoso.

Vistas así las cosas, lo que el nuevo formato de los libros sin páginas plantea, a partir de las pantallas, es en gran medida volver a los largos rollos de la Antigüedad a través, ¡oh preciosa ironía!, de los avances tecnológicos. Por mucha velocidad que tengan las modernas máquinas para llevarnos al párrafo deseado, nunca igualarán la maravillosa facilidad y el precioso juego de hojear un libro y detenernos ahí, a capricho, y volver a la página anterior en cuestión de segundos, sin otro auxiliar que nuestras manos. No es algo a lo que debamos renunciar.

Si la evolución del libro nos ha llevado a suponer que ya no se precisará del arte de imprimir, sino tan sólo del ejercicio de consultar la obra en la pantalla o copiarla fragmentariamente en nuestra impresora personal, más que a una visión de conjunto de las cosas, a lo que hemos llegado es a una parcialidad reduccionista y pobre.

Si las grandes y pequeñas imprentas, las grandes y pequeñas librerías y las grandes y pequeñas bibliotecas hicieron del libro un elemento fundamental de la vida cotidiana y un vehículo imprescindible para la transmisión de cultura, parecería que tanto imprentas como librerías y bibliotecas dejarían de tener sentido en un mundo digitalizado donde la información ya no precisaría ni de tirajes masivos ni de enormes espacios para acumular los ejemplares. Bastaría con una serie de computadoras personales para tener acceso a todo lo que pudiera desearse en materia de información. Se olvida, hemos de insistir, que no todo en el libro es información, sino también sensibilidad, emoción, inteligencia, experiencia e incluso elocuencia de quien lee. Lo dijo Ricardo Garibay, en relación con sus libros: "Si mi interlocutor es limitado, mi vida va a ser sumamente limitada. Si mi interlocutor es un hombre dotado de genio, mi vida va a ser poco menos que genial".

Los que se alegran de que el libro pueda, según esto, ser sustituido por las pantallas y por internet, son personas a las que jamás les hizo gracia leer, gente que siempre tuvo más simpatía por la televisión que por el libro, y cuya imagen del paraíso son los videojuegos.

Los más convencidos de los beneficios tecnológicos suelen pensar que todo cambio de este tipo significa un adelanto, en el sentido de facilitarles las cosas y de ofrecerles mayor información, pero desestiman que la dificultad conlleva una necesidad de esfuerzo que sublima los sentidos, y que el exceso de información no equivale a inteligencia ni a mayor preparación frente a la vida.

Pocos libros, como *El culto a la información: El folclore de los ordenadores y el verdadero arte de pensar*, de Theodore Roszak, han mostrado de manera tan precisa los verdaderos propósitos ocultos, además de los absurdos y las falacias del desmedido optimismo respecto de las computadoras y la informática como panacea para la vida. Roszak ha puesto en evidencia los propósitos más escondidos del fanático uso y abuso de las tecnologías de la información: el mercantilismo, la usura y el control político, económico y social del "nuevo ciudadano".

En ese esquema todos somos clientes potenciales, y su objetivo principal es crear la necesidad de la computadora y del ciberespacio incluso en personas que, como dijera Juan Luis Cebrián, aún no han tomado la precaución "de haber aprendido a andar convenientemente sobre la dura tierra".

El nuevo culto a la información y sus servicios llega —como la cocacola— hasta los núcleos de población más periféricos y marginados —cuya realidad está muy lejos de la pomposamente llamada era digital—, y les hace creer y sentir que necesitan aquello sin lo cual o están vacíos o son seres incompletos, disminuidos, que viven en la orfandad. La famosa "brecha digital", de la que tanto se habla (aduciendo mayor democratización y libertad para elegir), no es otra cosa que el abismo que separa, mucho más profundamente, a los no consumidores de los clientes controlados, o, si se prefiere, separa a los ajenos al mercado de los "ciudadanos informados".

No se equivoca Roszak cuando denuncia que las exageraciones propagadas deliberadamente acerca del poder de la informática se están utilizando para fines muy censurables desde el punto de vista moral. Hay una falta de escrúpulos a la hora de convencer a todo el mundo de que fuera del reino digital no hay salvación. De hecho, Negroponte señala que la naturaleza de la digitalización es "casi genética, dado que cada generación estará más digitalizada que la anterior".

En torno de las computadoras y de las tecnologías de la información, dice Roszak, se han divulgado hasta el hartazgo "las imágenes de poder, las ilusiones de bienestar, las fantasías y las ilusiones vanas que han crecido alrededor de la máquina". Los sueños de Negroponte se expresan así: "La superautopista de la información podrá estar hiperpoblada hoy en día, pero eso no es nada en comparación con lo que veremos mañana".

Los fanáticos de las tecnologías de la información han utilizado una verborrea publicitaria llena de patrañas, así como propaganda comercial con "un atractivo hipnotizante" respecto de sus infinitos beneficios. Según esto, el que tiene la información es "libre"; el que no, es esclavo, y, cabría agregar, esclavo de su circunstancia y de los propios medios que se ofrecen a liberarlo, porque algo más que propaga este discurso es el sentimiento de que la falta de progreso es culpa exclusiva de quien no desea progresar, exculpando con ello a los poderes económico, político y social.

La retórica de la tecnología de la información es tan convincente, dice Roszak, que

> estos tópicos y frases hechas que tanto se repiten constituyen el conjuro de un culto público muy extendido. Al igual que todos los cultos, también éste pretende fomentar una obediencia y una aquiescencia irreflexivas. Personas que no tienen una idea clara de lo que quieren decir cuando hablan de información, ni de por qué desean tanta información, están, pese a ello, dispuestas a creer que vivimos en una Edad de la Información; a causa de ello, los ordenadores que nos rodean vienen a ser lo que las reliquias de la Verdadera Cruz eran en la Era de la Fe: emblemas de salvación.

El concepto de democracia y libertad que propagan tiene que ver más con el consumo y la productividad que con el verdadero bienestar de las personas. Esa "aula sin muros" y ese "teletrabajo" desde las pantallas buscan una homogeneización en nombre de la "eficiencia", con la consecuente pérdida del tiempo libre y del ocio creador. No puede haber idea más absoluta de control que ésta: la que te vigila y te "monitorea" a toda hora y todos los días.

En *La red*, Cebrián ha refutado los supuestos beneficios que trae consigo la computadora al hacer de la casa una oficina mediante el uso de internet. Según la visión optimista, con la presencia virtual de los trabajadores las tareas se realizan en casa y se evitan los tiempos de transporte y tráfico; además, según esta visión, al transformar mediante la computadora la casa en centro de trabajo se rinde más en un ambiente de confort y plena libertad. Explica Cebrián:

> Lo que estos mismos propagandistas callan es que el mismo concepto de tiempo libre desaparece. Si uno está conectado veinticuatro horas al día, durante siete días a la semana,

> con la oficina central, la propia idea de libertad se esfuma. Como no existe un horario límite, los jefes propenden a alargar la jornada laboral de sus empleados, a los que suponen que pueden encontrar en cualquier momento.

El argumento "democratizador" y "liberador" con el que se presentan los usos de las tecnologías de la información trata de ocultar un hecho incontrovertible que señala, por ejemplo, André Schiffrin, en su libro *La edición sin editores*: que con las nuevas tecnologías, "el control de la difusión del pensamiento en las sociedades democráticas ha alcanzado un grado que nadie pudo imaginar".

A este control de la difusión del pensamiento y a este afán de abstracción es a lo que en la década de 1970 Ivan Illich llamaba la institucionalización del saber. Ya entonces lo advertía, con un demoledor aforismo: "El ciudadano se sienta frente a la pantalla, y calla".

En su libro *La convivencialidad*, Illich describe un estado de intoxicación por la creencia de un porvenir mejor: cuando los individuos cesan de fiarse de su propio criterio y piden, dice, que se les diga la verdad sobre lo que saben pero sobre lo que también han comenzado a desconfiar mientras no lo legitimen quienes poseen la Información. Concluye el pensador vienés:

> El mundo no es portador de ningún mensaje, de ninguna información. Es lo que es. Todo mensaje que le concierne es producto de un organismo vivo que actúa por él. Cuando se habla de la información almacenada fuera del organismo humano, se cae en una trampa semántica. Los libros y las computadoras forman parte del mundo. Ofrecen datos

siempre que haya ojos para leerlos. Al confundir el medio con la decisión, relegamos el problema del saber y del conocimiento al punto amarillo de nuestra mente.

En el discurso triunfal de las tecnologías informáticas, que incluyen al libro, por supuesto, hay un elemento perturbador que no debemos pasar por alto; eso que Ivan Illich describió como la inversión de los procesos naturales del aprendizaje humano: cuando los medios consiguen que el individuo desaprenda a reconocer sus propias necesidades y a reclamar sus propios derechos, convirtiéndose así "en presa de la megamáquina que define en su lugar lo que le hace falta".

En un vasto dominio, más allá de las tecnologías informáticas

Como hemos visto, cuando se habla de las tecnologías informáticas y de su relación con el libro y la lectura, no faltan los absolutamente convencidos de que el libro está llamado a desaparecer en un futuro bastante próximo. Los que, en virtud de los avances digitales, auguran la muerte del libro, revelan su desconocimiento del placer solitario que significa no adentrarse precisamente en la aldea global o subirse a la supercarretera de la información, sino perderse deliberadamente del mundo para encontrarse a sí mismos.

Puede parecer intrascendente, pero no lo es. Hay mucha gente que nunca ha tenido la experiencia de inventar o recrear un mundo propio, así sea como lector. "La gran ventaja de un texto electrónico —ha escrito Gabriel

Zaid— es la velocidad de búsqueda de palabras (o de temas si están previamente marcados, como en el índice temático de un libro, y son pedidos de manera correcta y específica). No el vistazo general, ni la exploración intuitiva que se tiene al hojear un libro".

Si, como creía Marshall McLuhan, "toda tecnología mejora algo", lo que tendría que mejorar también es nuestra posibilidad de disfrute, pues, parafraseando a Zaid, ningún progreso justifica una vida desabrida. Escribió McLuhan:

> La tecnología de Gutenberg creó un público porque hizo posible que todo el mundo se convirtiera en lector; no había audiencias antes de él. Xerox lo dejó atrás y convierte a todo el mundo en editor. La tecnología Gutenberg hace de cualquier gente un lector, la tecnología Xerox lo vuelve editor, y pone en apuros al libro.

Esto último, aunque parezca lógico, no es cierto. Los verdaderos lectores nada tienen que ver con Xerox. Nadie lee la *Ilíada* en fotocopias; si acaso, la consulta, como lo haría también si dispusiera de ella en la pantalla de la computadora.

En *Ser digital*, Nicholas Negroponte señala que el desafío para estos primeros años del siglo XXI "no es sólo darle al usuario pantallas más grandes, mejor calidad de sonido y dispositivos de entrada gráfica de uso cada vez más sencillo. El verdadero reto será fabricar computadoras que conozcan al usuario, que aprendan a detectar sus necesidades y a comprender su lenguaje verbal y no verbal". Lo que se quiera, pero esto no sustituirá al libro.

"Estamos tejidos en la sustancia de los libros mucho más de lo que a primera vista parece", escribió alguna vez Alfonso Reyes. Luego añadió: "Aun los rasgos más espontáneos de nuestra conducta y aun nuestras más humildes palabras tienen detrás, sepámoslo o no, una larga tradición literaria que viene empujándonos y gobernándonos".

Incluso los que no leen libros le deben al libro un ambiente cultural que proviene de siglos atrás, pues "la cultura misma en que vivimos, la cultura que disfrutamos y gracias a la cual existimos dentro de nuestra sociedad, es inaccesible, en su totalidad, a todos y a cada uno de nosotros. Sólo está en los libros".

Aunque Negroponte no lea libros, los libros también se han escrito para Negroponte. El gran poeta español Vicente Aleixandre escribió uno de los poemas más hermosos y extraordinarios sobre la lectura y los móviles de la escritura. En su libro *En un vasto dominio*, nos entregó la siguiente maravilla que lleva por título "Para quién escribo":

> Escribo acaso para los que no me leen. Esa mujer que corre por la calle como si fuera a abrir las puertas de la aurora. O ese viejo que se aduerme en el banco de esa plaza chiquita, mientras el sol poniente con amor le toma, le rodea y le deslíe suavemente en sus luces. Para todos los que no me leen, los que no se cuidan de mí, pero de mí se cuidan (aunque me ignoren). Esa niña que al pasar me mira, compañera de mi aventura, viviendo en el mundo. Y esa vieja que sentada a su puerta ha visto vida, paridora de muchas vidas, y manos cansadas. Escribo para el enamorado; para el que pasó con su angustia en los ojos; para el que le oyó; para el que al pasar no miró; para

> el que finalmente calló cuando preguntó y no le oyeron. Para todos escribo. Para los que no me leen sobre todo escribo. Uno a uno, y la muchedumbre. Y para los pechos y para las bocas y para los oídos donde, sin oírme, está mi palabra.

Si la belleza no bastara para defender a los libros que se escriben incluso para los que no los leen, habría que agregar un último argumento práctico que les da una ventaja sobre las computadoras: los libros impresos no necesitan baterías, ni programas, ni manual del usuario.

La sustancia de los libros

En 1974, en Acapulco, durante el Encuentro Mundial de la Comunicación, el "ingenioso, petulante, autoritario y egocéntrico" Marshall McLuhan (calificativos consignados por sus biógrafos), además de contar varios chistes ilustrativos (e insípidos) de la forma y el fondo, el medio y el mensaje, aseguró que toda tecnología mejora algo.

Si hacemos un análisis objetivo de las cosas, no resulta extraño que en la actualidad los jóvenes estén más interesados en conocer el mundo a través de las pantallas que por medio de los libros. Y no resulta extraño porque, frente a otros elementos de juicio y de sensibilidad que sólo se adquieren con años de formación y experiencia, los medios informativos y los teóricos de la comunicación de masas han despreciado siempre al libro, erigiendo un pedestal a la equívoca ley del menor esfuerzo, cuyos principios son la facilidad, la abundancia (o el exceso) y la rapidez.

Según dice Negroponte con obvia fascinación, a partir del 2000 Intel comenzó a vender más de cien millones de computadoras al año, cifra reveladora si consideramos que en 1972 apenas había 150 000 en todo el mundo. Hace cuarenta años, concluye con alborozo, "utilizar una computadora, al igual que pilotear una nave espacial y hacerla alunizar, estaba limitado a aquellos pocos privilegiados especialmente capacitados en la casi magia necesaria para conducir esas máquinas, que solían no tener lenguaje o utilizaban uno muy primitivo".

El escaso interés de los jóvenes por los libros tiene que ver también con una euforia tecnológica que no ha sido capaz de diferenciar, culturalmente, lo nuevo de lo necesario, lo novedoso de lo todavía útil y vivo (lo cual, dicho sea de paso, sorprende en el caso de un McLuhan, quien sí solía leer y tenía un amplio conocimiento de los autores clásicos). Dicha euforia ha impedido comprender que lo que suele denominarse el lenguaje del futuro lo es tan sólo para una parte de la vida, que sólo ingenua o torpemente puede considerarse sustituta del libro y de la rica y actuante cultura escrita.

Hacia el final de su *Historia del libro*, Svend Dahl, quien fuera director de la Biblioteca Real de Copenhague, asevera:

> De vez en cuando se oyen en nuestros días voces pesimistas que vaticinan que el libro, en un futuro inmediato, habrá terminado su función, derrotado por los diarios y semanarios, el cine, la radio y la televisión. [Entonces, Svend Dahl, en la primera mitad del siglo XX, ni siquiera se imaginaba la masiva difusión de los procesos digitales]. Que la lectura de muchas personas nunca va más allá

> de los periódicos o de la prensa ilustrada o quizá se limite a mirar las estampas es un hecho tan innegable como que el cine, la radio y la televisión ocupan gran cantidad de tiempo libre. Con la elevación del nivel de vida, irá en aumento el ocio, pero nadie puede saber si ello resultará en beneficio del libro. Nuevos descubrimientos técnicos en el campo de la llamada comunicación de masas podrían convertirse en competidores más peligrosos que los ya existentes, por lo que no puede buscarse ningún paralelo tranquilizador en las épocas anteriores. No obstante, hay razones para creer que la historia del libro no acabará con el fin del siglo XX [...]. Habrá siempre una misión para este práctico medio de comunicación que posee la ventaja esencial sobre los demás de no ser pasajero como ellos, sino un perdurable depósito de pensamientos y saberes, acciones, sentimientos y fantasías de la humanidad, siempre dispuesto a abrirse de nuevo.

Si en la apreciación de McLuhan, dentro de la aldea global el libro sería venerado como delicada pieza de museo, y el hombre tipográfico, en caso de ser recordado, lo sería bajo la condición de ser poco menos que un fósil, hay un alto grado de felicidad en saber que más de medio siglo después nada de esto se ha cumplido y, por el contrario, cuando la profecía parece más realizable, el libro no ha perdido su función, a pesar de los grandes yerros y absurdos (producto de la voracidad comercial) de los mismos que intervienen en el universo editorial y librero.

El fracaso de los denominados audiolibros constituye uno de los ejemplos más aleccionadores en el intento de "adecuar" un objeto perfecto que, por su misma definición, no precisa adecuación alguna: a los verdaderos lectores les interesa más leer un libro que escucharlo. Y en cuanto a los que no son lectores, ni lo escuchan ni por supuesto lo leen, pero tampoco tendríamos por qué obligarlos a hacerlo. Otro caso de "adecuación" fallida es el que consiste en dar simple información encapsulada y esquemática, previamente digerida, en libros para holgazanes, para que la gente que no posee ninguna disposición de lectura, tenga la equívoca idea de que adquiere cultura simplemente con "datos"; una cultura epidérmica, de la información y no de la formación, un libro para lectores perezosos cuya mayor trampa está en hacerle creer a la gente que sabe porque se le ha dado una concentración de datos sin espíritu.

El verdadero problema del libro en la actualidad no es su posible desaparición por culpa de las tecnologías digitales. El verdadero problema del libro está en el mismo sistema educativo, donde escasos individuos consiguen transformarse en lectores; un sistema donde, en palabras de Stephen Vizinczey, sólo los lectores de sensibilidad indestructible pueden sobrevivir a la educación sobre literatura.

Gran parte de los universitarios no piensa en la lectura como un placer, sino de antemano considera que "leer es difícil, quita tiempo a la carrera y no permite ganar puntos más que en la bibliografía citable"; en cambio, publicar "sirve para hacer méritos", tal como observa, atinadamente, Gabriel Zaid.

En su libro *La fiebre de los diplomas*, Ronald Dore nos advierte sobre esta innegable verdad: que no toda la escolarización es educación, pues una gran parte de ella tiene que ver tan sólo con la búsqueda de cualificaciones; tendencia que aumenta cada día hasta llegar a ser una búsqueda tediosa, aburrida, angustiosa, destructora de la curiosidad y la imaginación; en suma, antieducativa y reñida con todo lo que signifique placer, incluido el de la lectura.

Todo esto conduce a un sector considerable de universitarios no a la preocupación por el saber sino a la búsqueda de que le certifiquen la sabiduría. En palabras de Zaid, su propósito no es "el conocimiento en sí mismo, ni para su aplicación constante más tarde en una situación de la vida real, sino con el único fin de repetirlo de una vez por todas en un examen. Y el aprendizaje y la repetición son únicamente medios para un fin: el de conseguir un certificado que es un pasaporte para un empleo codiciado, una situación, una renta".

Privilegiar este tipo de "saber" en detrimento de lo placentero y extracurricular se ha vuelto una costumbre que es otro de los graves problemas que enfrentan el libro y la lectura. Pero existe una pequeña multitud, una enorme minoría que, más allá de procesos digitales, más allá de las profecías apocalípticas de los McLuhan y los Negroponte, más allá del mundo feliz de la facilidad, la abundancia y la rapidez de la comunicación de masas, y más allá del burdo concepto curricular de "utilidad" que conlleva un sistema educativo equivocado, le sigue dando sentido al libro y a la cultura escrita y puede, liberadoramente, decir, con Gabriel Zaid, lo que siempre nos han repetido como una acusación y como una culpa en las casas y en las escuelas, pero que jamás nos han reconocido como una virtud: que "leer no sirve para nada: es un vicio, una felicidad".

El beneficio de los clásicos

Los clásicos, estima Italo Calvino, son esos libros que, según la gente, siempre se están releyendo, nunca leyendo por primera vez. Porque cómo va ir por el mundo el señor don Fulano diciendo que, a sus 50 años, está leyendo la *Ilíada*, la *Odisea*, *La divina comedia*, *Hamlet*, *Macbeth*, *La guerra y la paz*, *Crimen y castigo*, *Ulises* o *Pedro Páramo*. Lo común es que el señor don Fulano esté releyendo, y no leyendo por vez primera, libros tan importantes. ¡Claro que los conocía, desde luego que los había leído, por supuesto que se los sabía de memoria, pero está refrescando el placer, el gusto, y está reviviendo la emoción de la grandeza artística al "releerlos"!

Ésos son los clásicos: los libros que no admiten nuestra ignorancia. Pero, paradójicamente, son también los libros que no necesitan leerse, y ni siquiera precisan de nuestra entera atención. Los clásicos son esos libros que pudieron "leerse" a la velocidad de la luz en ediciones condensadas o abreviadas, o de los que se pudo saber a través de una revista del corazón o de unas páginas "cultas" en el boletín de la asociación de hombres de negocios, merced a las cuales uno pudo enterarse de que había molinos de viento, jaurías irritadas, círculos del infierno, periplos míticos, avaros y vengadores, crímenes y guerras, patriarcas y caudillos.

Gracias a los clásicos, sabemos que un tal Plinio el Viejo dijo que no hay libro que por malo que sea no pueda aportarnos alguna lección benéfica; en otras palabras, que no hay libro malo. Lo que no sabemos es en dónde dijo eso el tal Plinio el Viejo, pero ni falta que nos hace, porque a la menor oportunidad, para mostrarnos cultos e informados, diremos que no hay libro malo y nos granjearemos el reconocimiento, así sea del auditorio más escéptico.

Sabemos de los episodios de los molinos de viento y de los refranes de Don Quijote y de Sancho Panza, algunos de los cuales utilizamos en la vida diaria para descalificar a nuestros adversarios, para mostrarles que no lo decimos nosotros por capricho, sino que el clásico ya los censuró desde la altura de su infalibilidad intelectual de muchos siglos. Sabemos de los círculos del infierno que espera a los pecadores por su avaricia, su gula, su mentira, sus crímenes.

Sabemos de Desdémona, de Héctor, de Aquiles, de Ulises, de Penélope, de Raskolnikov, pero la verdad es que todo esto no necesitamos aprenderlo en los libros clásicos. Basta un diccionario, unas páginas del *Reader's Digest*, un manual de citas y personajes célebres, y con ello ya tendremos un arsenal de justificaciones.

Si los clásicos lo dicen, nadie nos lo puede discutir, y hay que usar las frases adecuadas en los momentos adecuados para partir en dos o en tres o en añicos todas las críticas que se nos vengan encima. De pronto los clásicos entran en la vida cotidiana de personajes a quienes ni siquiera imaginamos, no ya digamos con un libro entre las manos, ni siquiera con un libro en estante alguno.

El gran Montaigne, otro clásico por cierto (y siendo clásico no estamos obligados a leer los cientos de páginas de sus *Ensayos*), decía que no citaba a otros sino para expresar mejor su pensamiento. De modo que los que citan a los clásicos son clásicos en sí mismos y no admiten duda sobre su convicción.

Los clásicos contienen verdades tan plenas que cualquier oposición se vuelve impertinencia. Pero, como ya advertimos, los clásicos son libros que no necesitan leerse. Los títulos y los nombres de sus autores impresionan lo suficiente para todavía tomarnos la molestia de pasar páginas y páginas para dar con la frase célebre que de todas maneras los diccionarios y los libros de citas citables ya consignaron.

El beneficio que nos entregan es invaluable. Son los libros que mejor conocemos, y de los que más hablamos, sin la exigencia de haberlos leído.

Las soledades interactivas y la mitoideología de internet

En los últimos años, frente al entusiasmo febril, el optimismo ilimitado, la ilusión desbordada, la apología más enfática y "el silencio teórico más ensordecedor", prácticamente unánimes, respecto de la "revolución total" que proclaman internet y la denominada sociedad de la información, Dominique Wolton se ha mostrado como uno de los pocos críticos radicales de esta vehemencia avasalladora que, como ha dicho, consiguió el milagro de hacer coincidir los discursos políticos, mercantiles, ideológicos y humanistas de izquierdas y derechas, de académicos y empresarios, de predicadores y vendedores, de laicos y religiosos, de fieles y agnósticos, de ricos y pobres.

Este discurso del arrebato entusiasta, que atribuye a internet la capacidad de transformar del modo más profundo y fundamental el ámbito todo de las relaciones humanas, para conducir a los seres humanos a una sociedad más justa por medio del acceso democrático a la información, ha influido en casi todos los niveles sociales. Cada día más personas desean el acceso a internet, aunque no sepan a ciencia cierta para qué les puede servir.

En dos libros lúcidos y polémicos por todo cuanto aportan a la escasa crítica que hay al respecto (*Internet, ¿y después?* y *Sobrevivir a internet*), el sociólogo e investigador francés ha advertido del peligro que representa abdicar del espíritu crítico frente a un fenómeno cuyo discurso triunfalista es aceptado por casi todos con la más sumisa complacencia; es decir, sin relativizar sus virtudes y consecuencias. Wolton muestra su perplejidad ante el hecho de que los sectores tradicionalmente críticos (es decir, las élites científicas y culturales) hayan renunciado a todo análisis serio, dejando el campo abierto al discurso dominante de las "nuevas tecnologías" que en el fondo no puede ocultar los dos rasgos que constituyen su esencia misma: el ideológico y el mercantil.

Opina Wolton que "si bien las nuevas tecnologías constituyen un evidente progreso tecnológico, ello no basta para crear un progreso en la historia y en las teorías de la comunicación": ni todo lo nuevo es moderno, ni todo lo moderno es mejor. Recomienda, por lo tanto, que a la fiebre de ilusiones que ha despertado internet se la dote de un freno de sensatez que, como es lógico, sólo puede brindarle el examen crítico. Es ostensible que

> no hay un día en que alguien no anuncie una nueva revolución gracias a la red, en que los suplementos multimedia de los periódicos de todo el mundo no hagan apología de las nuevas tecnologías o en que las élites no opinen

> algo sobre la creatividad cultural, la diversidad del saber y la universidad virtual. Desde hace ocho años en Estados Unidos y desde hace cuatro en Francia [escribe esto en 2000], nos bombardean con el mismo mensaje en todas las columnas de los periódicos: "Internet va a cambiarlo todo. La red mundial interactiva cambiará radicalmente la humanidad, las condiciones de vida en sociedad, el trabajo, la cultura, la educación, la investigación, la creación...". Este discurso está cargado de ideología. En el mejor de los casos, es simplista: ¿cómo podemos imaginar que un sistema de comunicación pueda cambiar él solo la totalidad de las condiciones de la comunicación? En el peor de los casos, es engañoso. Un sistema tecnológico, aunque sea interactivo y lúdico, no podría ser la condición de una nueva sociedad más igualitaria, más libre, y que consiguiera que los hombres fueran mejores.

El problema se agrava cuando el discurso ideológico dominante no permite a los individuos tomar una sana distancia en relación con dicho fenómeno, y lo que genera es un miedo comprensible en aquellas personas que abrigan sus dudas, el miedo de que los tilden de "caducos" y rebasados por haber dado la espalda al progreso.

Lo que no suele decir el discurso dominante, y que sí revela Wolton, es que las nuevas tecnologías (al igual que las viejas) constituyen tan sólo un instrumento que puede utilizarse con diversos fines. Como herramientas, sirven lo mismo a la democracia que al autoritarismo; igual a la libertad de pensamiento que al control despótico. Creer que un medio por sí solo puede transformar las relaciones humanas de manera definitiva para producir una sociedad más justa e igualitaria a través de la información es otra más de las utopías ideológicas que pueden conducir a la frustración individual. Como todos los medios, y esto no debería soslayarse nunca, los de información y comunicación pueden convertirse en una medicina o bien, en un veneno.

Decir que las nuevas tecnologías mejoran a la sociedad porque democratizan el acceso a la información es más bien simplista, pues, como señala Wolton, sin cultura común no hay comunicación posible; de tal forma que el acceder a la información no anula, desde luego, las desigualdades sociales y culturales, puesto que "las tecnologías simplifican la transmisión, no la comprensión del otro".

Wolton subraya el punto crucial de lo que el discurso ideológico-mercantil de internet siempre elude: si las desigualdades culturales existen (y esto también es un hecho), el acceso a un teclado no las eliminará, aunque permitir desarrollar la iniciativa individual sea en sí un factor de progreso. "Acceder a todo no sirve de nada cuando no se sabe ni qué pedir ni, sobre todo, qué hacer con ello. La igualdad de acceso al conocimiento no es la igualdad ante el conocimiento". Dicho de otro modo, incluso para las sociedades más avanzadas, el que todos los individuos estén en línea no borra las desigualdades entre ellos, desigualdades que repercuten en la utilidad o en la manipulación del acceso a la información.

La verdadera adquisición de la cultura implica un proceso lento. A los que ven internet como una tecnología milagrosa que conseguirá, con mayor velocidad y acumulación, sustituir el elemento moroso, debe oponérseles la historia irrebatible de la experiencia humana, cuya maduración ha llevado siglos, milenios. Confundir el vehículo, el sistema, la tecnología, la herramienta, con la sustancia es una forma simplista de ignorar la historia.

Otra de las críticas radicales de Wolton al discurso triunfalista de la "sociedad de la información" consiste en revelar el hecho, nada trivial, de que detrás de las utopías libertarias que engendra internet se esconden los intereses mercantiles más desaforados. De hecho, piensa que en internet cristalizan, básicamente, tres ideologías: la del mercado, como una finalidad en sí misma; la de la tecnología del superrendimiento, y la de la "modernidad"; esta última la más equívoca de todas, la más política y la que se presenta con la imagen más noble, pues hay, por lo demás, "un ansia casi impúdica con la cual la economía del saber ocupa su lugar en la red en nombre de los ideales de la educación, pero para el principal provecho de los comerciantes".

En la lógica y en el proyecto de la comercialización del saber, todo puede venderse y todo puede comprarse. Parafraseando a Ivan Illich, podríamos decirlo del siguiente modo: los hospitales venden salud; las universidades, educación; Ford vende transporte; la Iglesia vende salvación eterna; internet vende información y libertad.

A decir del autor de *Internet, ¿y después?*, hemos entrado a una de las confrontaciones quizá más brutales "entre el sueño de emancipación de los internautas y la realidad de un sistema que trata, esencialmente, de transformarlos en compradores", sea de bienes o de servicios.

Y lo peor de todo es que el discurso modernizador de internet funciona, dice Wolton, por efecto de excomunión. Internet, la herramienta de la sociedad democrática, la modernidad electrónica, las nuevas tecnologías de la información, la sociedad del conocimiento (logos, más que frases; marcas ideológicas, más que conceptos), "glorifica a los adeptos de la tecnología y 'condena' a los adversarios del progreso".

Quien no está con la red está contra ella; quien emite críticas y reticencias se convierte automáticamente en un caso curioso de puritano: el que ante la belleza desnuda de la modernidad voltea hacia otro lado y cierra los ojos. Internet se convierte así en una nueva religión de mercado llena de certezas, cuyos herejes son los críticos que, como Wolton, identifican una enorme ausencia de sinceridad analítica incluso en las élites intelectuales (académicas y universitarias especialmente) que han terminado por compartir el entusiasmo de empresarios y políticos.

> Se trata sólo de la apología de internet, de los nuevos servicios, de la nueva comunicación. No hay ningún aspecto de la realidad humana que se crea que internet no vaya a cambiar. Por todas partes leemos que, gracias a internet, se tiene que, por ejemplo, democratizar el acceso a la música, a la información, a la educación, a la cultura. ¿Quién puede alzarse contra tales intenciones? Si tomáramos conciencia de que el tema fundamental surge sobre todo del mercado, internet desaparecería de la primera página de todos los periódicos. ¿Por qué la prensa no es la primera en denunciar esta gigantesca hipocresía?

No exagera Wolton cuando afirma que el cambio radical que suponen las "nuevas tecnologías" es el que consiste en que el ser humano se adapte a ellas y no al revés, lo cual equivale a asegurar que el hombre es menos eficaz que internet, aunque la red no exista sin hombres.

Lo que no hay que olvidar es que una sociedad es mucho más compleja, mucho más rica en conflictos, imaginación y creatividad que un sistema tecnológico, por sofisticado que éste sea. Para la ideología de mercado, la sobreabundancia en la oferta es, en sí misma, una democratización en el acceso, lo cual por supuesto es falso: compra el que tiene para comprar, no el que tiene a la mano las ofertas pero carece de recursos. Con esta misma perspectiva, la sobreinformación, la obesidad informativa, no es en sí misma un beneficio; se puede estar sobreinformado y carecer de capacidad para comprender, valorar, discernir dicha acumulación informativa.

No puede ser más cierto el hecho de que, aun tratándose de los procesos educativos, la cuestión fundamental no es el acceso a un elevado número de informaciones, sino saber qué hacer con esta acumulación. En tal sentido, "la función crítica es más importante que la capacidad de acceso".

Es aquí donde internet no puede competir con la vieja tecnología del libro tradicional, que construye conocimiento más que acumular información. "Para favorecer el deseo de conocer, todos los medios son buenos: la pizarra, la televisión, la radio, el libro, el periódico, internet. Pero que no pretendan que internet sea más útil que el libro [...]. Internet es un sistema de información, no un sistema de conocimiento ni de cultura".

Al llegar a esta frase, Wolton hace saltar de sus asientos a los apologistas dogmáticos de las "nuevas tecnologías", y un aire gélido les recorre la nuca cuando agrega: "Todo medio de comunicación nuevo desestabiliza el sistema y entra en competencia con los medios anteriores, pero ninguna tecnología de comunicación ha hecho desaparecer a la precedente".

En otras palabras, como vehículo de cultura, internet no tiene ninguna posibilidad, no ya digamos de sustituir al libro, sino siquiera de competir con él de manera plenamente ventajosa. "El placer de descubrir un libro, de hojearlo, de comprarlo o de formar una biblioteca está inscrito en nosotros por cinco siglos de historia, así como el proyecto de emancipación del cual el libro es la promesa, es decir, todo un conjunto de hechos culturales que trascienden el sistema tecnológico".

Wolton está convencido, por otra parte, de que las tecnologías no bastan para crear la comunicación y de que debemos abandonar su idealización, y añade que "el drama de los seres humanos es que no se conforman con las informaciones", pues al ser portadores de emociones no interpretan nunca de la misma manera lo que se les transmite, aparentemente, como irrebatible objetividad.

Que se pueda ser ignorante estando superdocumentado es una de las cosas que ni entiende ni explica el nuevo sistema tecnológico; menos entenderá y explicará que se pueda estar superinformado, alcanzar el más alto rendimiento, tener capacidad de compra y, sin embargo, morirse de aburrimiento y ser infeliz. Todo ello prueba que internet incide desde luego en nuestras vidas, pero no modifica, como se nos dice insistentemente, la totalidad de las relaciones humanas mejorándolas para siempre.

"La expresión sociedad de la información, adoptada a coro por los políticos del mundo, es una visión de industriales, a la que yo llamo tecnicista", precisa Wolton, pues nunca ha sido la estructura tecnológica la que le ha dado sentido a una sociedad, "sino la manera según la cual se articula en un sistema de valores", ese sistema de valores que en internet suele desaparecer confiándolo todo a la acumulación y a la "eficacia".

Se habla hoy, con demasiada facilidad, de una "sociedad de la información" que transformará, si es que no lo ha hecho ya, la totalidad de la vida humana. En la "sociedad industrial" jamás se fundaron tantas esperanzas en la utopía de igualar al ciudadano. Resulta paradójico y asombroso que a lo único que se parezca la utopía de internet sea a la, hoy en retirada, "sociedad socialista".

Definir a la sociedad a partir de una mutación tecnológica y no a partir de un conjunto de valores y de un proyecto humano es otra de las trampas felices, producto de la superbanalidad, que el optimismo ilimitado y la ausencia de crítica engendran.

Hay que desterrar equívocos: no es la imprenta la que cambia al hombre; es el hombre el que, después de siglos de desarrollo y maduración, llega a la necesidad de la imprenta y encuentra en ella un vector extraordinario que igual puede servir a la libertad que al fanatismo; que igual permite la reproducción masiva de obras liberadoras que de mandamientos ideológicos, edictos, bulas y censuras al servicio de la prohibición. Del más famoso apotegma de McLuhan ("El medio es el mensaje") se ha querido dictar la más grande falsedad con carácter de verdad: *la tecnología es la sustancia.*

Y esto, casi descuidadamente, ha sido avalado y defendido con vigor por quienes tradicionalmente se han mostrado críticos vigilantes de los dogmas que los poderes quieren imponer a los individuos como forma de vida y de control. Dice Wolton que ni siquiera las élites científicas y culturales han podido distanciarse del discurso dominante; por lo menos, agrega, nunca han denunciado el discurso simplificador acerca de internet que se ha generalizado desde hace décadas, sino que, por el contrario, se han convertido casi en su garantía: "Han caído también en la cazuela de internet, en lugar de ser los primeros que, por sus conocimientos teóricos, relativizaran esta promesa de 'revolución total'. En realidad, se han convertido en los ideólogos de la revolución de internet y los epígonos de los políticos y los industriales".

Por otra parte, "en su gran mayoría, la prensa está fascinada por las capacidades tecnológicas de las redes [...]. Los medios de comunicación, capaces de poner en duda el funcionamiento de todos los ámbitos de actividad —político, humano o social—, se muestran aquí desprovistos de sentido crítico", mientras que las élites intelectuales y los sectores dirigentes de todo el mundo "no dudan en animar a cada uno de sus conciudadanos para que se conecten, como si ello formara parte de un proyecto de sociedad o de un proyecto político".

Cabe señalar como algo sintomático que, durante las últimas décadas, quienes exigimos para la sociedad el "derecho a la lectura", fracasamos estrepitosamente. En cambio, bastaron unos pocos años de euforia digital para que la Organización de las Naciones Unidas declarara en 2011 "el acceso a internet como un derecho de la humanidad", con la siguiente y banal justificación: "La única y cambiante naturaleza de internet no sólo permite a los individuos ejercer su derecho de opinión y expresión, sino que también forma parte de sus derechos humanos y promueve el progreso de la sociedad en su conjunto".

Es necesario decirles a los funcionarios, especialistas y asesores de la ONU que, antes de internet, durante siglos, la lectura y la escritura trabajaron en el progreso de la sociedad en su conjunto, sin que a las Naciones Unidas se les ocurriese declarar la lectura como un derecho humano. Qué cantidad de intereses económicos y políticos han de intervenir en internet para que la ONU se muestre tan dispuesta y expedita en esta materia.

Plantear los beneficios de internet como la revolución total de la vida humana y atribuir al pasado lejano e inmediato las oscuridades más profundas y espesas es, a decir de Wolton, una forma de publicidad, más que de análisis.

Lo mismo que se puede decir sobre el libro y la cultura escrita se puede afirmar también, y con mayor razón, de internet, tal como concluye Wolton: "No basta que los hombres intercambien muchas informaciones para que se entiendan mejor. Lo que cuenta son los marcos culturales y sociales de interpretación (y comprensión) de estas informaciones [...]. Estemos en guardia ante las soledades interactivas".

Tales "soledades interactivas" ya se han instalado en nuestra sociedad y las padecen millones de individuos. El conocimiento, el saber, la necesidad de aprender, la necesidad de disfrutar el aprendizaje configuran un universo muy distinto a ese de las "soledades interactivas". En especial, la lectura y la escritura placenteras y formativas pueden existir lejos de los dogmas y entusiasmos políticos y mercantiles que suscriben incluso los gobiernos.

Como bien ha dicho Paul Auster, "escribir es para mí un acto de libertad y una cuestión de supervivencia". Y lo dice un autor y un lector que no tiene PC ni mucho menos *smartphone*, que no usa siquiera el correo electrónico, que escribe a mano o con su "indestructible" máquina mecánica, lo cual prueba que internet es sólo un soporte y no la sustancia de la cultura, un continente y no el contenido. Se puede vivir sin internet, y aun sobrevivir a su discurso impositivo. Y no hay que regresar a las cavernas. Simplemente no hay que perder la condición humana.

La desaparición del espacio íntimo

Pese a sus virtudes como herramientas para aligerar nuestra vida, internet, el correo electrónico y las redes sociales han cumplido un largo sueño de inquisidores: la desaparición del espacio íntimo.

Anunciantes, vendedores, políticos, acosadores, etcétera, se meten a las cuentas personales para proponer reiteradamente sus productos, y personas que uno no conoce invaden la intimidad y piensan (de veras lo creen) que uno está obligado a intercambiar con ellos una cálida comunicación epistolar.

Internet ha confundido a muchos. Suponen que el mérito de las computadoras es volver público todo contacto humano. Gente tímida que no se atrevería a incordiar a nadie de manera directa se vuelve locuaz, impertinente, agresiva o simplemente efusiva a través de las herramientas de internet. Gracias a la pantalla, puede hacer confidencias insólitas, húmedas manifestaciones, sentimentales o groseras exigencias.

Además, son impacientes. No los conocemos, pero desean que les contestemos inmediatamente. Si lo hacemos, se cierra el círculo vicioso. Desean forzar una comunicación que, al cumplirse, ya no dejará tiempo sino para interactuar con cientos de personas sin rostro.

Mucha gente se olvida de algo elemental: la escritura que se publica (incluida la de los libros o los artículos) engendra en sí misma su mayor paradoja; se pone a disposición de los desconocidos pero no busca anular dicha condición. Lo que se hace público es la extensión de la mano y del pensamiento, no por supuesto la mano y el cerebro.

No porque Borges hiciese públicos sus libros estaba diciéndonos que quería tener contacto humano con todos y cada uno de los lectores que, azarosamente, habían llegado a sus páginas. Borges el escritor es el de la extensión de la mano. Borges el individuo podía perfectamente no estar de humor para conversar con todos y cada uno de quienes creyeran que tenían derecho a invadir la intimidad del venerable anciano nada más porque habían comprado un libro suyo.

Víctima del aburrimiento, a través de internet la gente ha encontrado la ilusión de lo real "hablando" con desconocidos. Olvida que toda escritura es un simulacro y, en el mejor de los casos, un hermoso artificio. El arte jamás sustituye a la vida; menos aún la simple escritura, y todavía menos que eso el "contacto" virtual. Salvo excepciones, los que escriben lo hacen porque no saben actuar. ("Mi mente / se aplicó a las simétricas porfías / del arte, que entreteje naderías", escribió Borges). Si fueran extraordinarios amantes, vivirían intensamente sus amores antes que relatarlos. Si fueran personas encantadoras, tendrían muy poco tiempo de sufrir para plasmar sus desesperados poemas. Si quisieran charlar con otros estarían haciéndolo, no escribiendo. Sólo cuando se cansan de fingir la vida, se suicidan. Pero lo más probable es que no se cansen jamás. Los suicidas siempre son minoría.

La *representación de la vida* es lo que lleva a la gente a creer que no existe la intimidad, a suponer, erróneamente, que todo acto es público. La superbanalidad de la que habla Baudrillard no busca escapar del aburrimiento, sino incrementarlo y compartirlo. La desaparición del acto íntimo (cuando la gente encuentra natural hacer confidencias a desconocidos y "hablar" confianzudamente ante la pantalla a seres sin rostro) es la mayor mentira, la más trágica ilusión de que se está en el centro del mundo, en el goce supremo de la conversación con todos.

La ausencia de secretos confirma la utilidad pública de la superinformación, al tiempo que niega toda virtud a la intimidad y da carta de herejía al derecho a la ignorancia. No exageramos. De todo este enorme vacío está lleno el universo virtual. Y la gente entra en contacto con quien sea sin el menor pudor. La ausencia de rostro permite todo. Ya ni siquiera es la máscara, la máscara no existe más. En su lugar hay una pantalla.

En *La edición sin editores*, André Schiffrin nos recuerda que quienes utilizan regularmente internet saben que es imposible juzgar la fiabilidad o los fines de los millones que la recorren: "Una página de apariencia inocente puede servir de fachada para una empresa publicitaria, para un grupúsculo político o una secta de racistas perversos". Cabe desde luego la posibilidad de que sea la vía de gente bienintencionada que sin embargo se aburre y, como no le basta el terapeuta, está deseosa de compartir, con quien sea, su efusivo aburrimiento.

Hay personas inteligentísimas, brillantes, lúcidas (entre ellas Fernando Savater) que, aunque se muestren escépticas respecto de los beneficios de las tecnologías electrónicas, han llegado a desear que internet ofrezca al ser humano algunas alternativas para curar el aburrimiento crónico universal que "siempre ha sido la verdadera maldición de la humanidad, de la que proviene la mayor parte de nuestras fechorías". Sin embargo, los usos erróneos y los abusos perversos de esta útil herramienta, más que aliviar el aburrimiento, lo han incrementado, y ahora no poca gente se dedica a incordiar a los demás con las facilidades que le brinda la computadora para invadir sus espacios íntimos.

Y no debemos pasar por alto que, en otro tipo de uso perverso, internet deviene en abusiva forma de control, con la consecuente invasión a la intimidad. Con el pretexto del combate al crimen, el Hermano Mayor puede vigilar todos tus actos, como ya de hecho ocurre.

Sostiene Savater: "No hay nada más desesperadamente aburrido que el temor constante de aburrirse, la obligación de hallar diversiones externas. Salvo un puñado de personas creativas [...], al resto de la humanidad no le queda más remedio que fastidiar al prójimo, morirse de fastidio [...] o comprar algo".

Muchísima gente encuentra fastidiosa la domesticidad, el ámbito familiar, y desea abrirse ante todo el mundo y cree también que todo el mundo debe prestarle atención. El ser humano quiere "vivir en el torbellino", como señala Marshall Berman en *Todo lo sólido se desvanece en el aire* (frase esta, por cierto, del viejo Marx).

En efecto, muchos ignoran que *todo lo sólido se desvanece en el aire*, que lo que menos perdura es, precisamente, lo sólido, lo contundente. Más de dos siglos antes, Quevedo lo había dicho mucho mejor que Marx: "¡Oh, Roma!, en tu grandeza, en tu hermosura, / huyó lo que era firme, y solamente / lo fugitivo permanece y dura". Lo fugitivo, y en gran medida lo provisional, que rige nuestras vidas, es lo que permanece, aunque haya quienes crean, por aburrimiento, que deben emprender relaciones ecuménicas y alianzas estratégicas con todo el mundo y en todo momento para que valga la pena la existencia.

Hoy es muy común entre la gente que se aburre desdeñar el espacio íntimo (el suyo y el de los demás). Júzguelo, si no, el televidente. Basta la mínima invitación, la más exigua convocatoria, la provocación menos exaltada, para que las personas expongan ante los demás, sin pudor ninguno, su patética existencia, con pelos y señales. Como se aburren, montan un circo con su vida y ofrecen un espectáculo gratuito (su *reality show* personal y permanente), y para que las cosas tengan sentido creen que los demás deben hacer lo mismo.

Marshall Berman tiene razón cuando afirma que "los que están más felices en el hogar, en el mundo moderno pueden ser los más vulnerables a los demonios que lo rodean". Y Savater complementa esta idea al sostener que "cuando las cosas marchan discretamente bien, los humanos nos aburrimos: entonces empezamos a meternos con los vecinos, o a desear especias raras que solo se dan en tierras lejanas y que necesitan para conseguirse afrontar mil penalidades, o nos inventamos amenazas sobrenaturales para asegurar las emociones que nos faltan". En la misma dirección apunta la lúcida crítica de Ramón López Velarde: "Quien carece de vida interior, natural es que simule tenerla, mareando con discursos teatrales".

La vorágine de la perpetua atención de los demás, y hacia los demás, a partir de la anulación del espacio íntimo y de la exaltación del ámbito público es uno de tantos absurdos de que echan mano los aburridos para intentar hacerse los interesantes. Internet, con sus potentes herramientas, les han brindado a muchos de ellos la facilidad de penetrar en los mundos personales de los demás para hacerse notar, para presumir, para vociferar, para forzar un diálogo, una relación con desconocidos, anulando el espacio íntimo, en el que no creen porque todo en ellos es exterioridad. He aquí un mal de nuestro tiempo.

Edificar sobre el pasado

En *La industria del libro* leemos la siguiente confesión de Jason Epstein: "Cuando me convertí en editor, lo que quería transmitir al mundo era mi encuentro universitario con los libros. Creía, y todavía lo creo, que el ideal democrático es un seminario socrático constante e incluyente en el que todos aprendemos unos de otros. La tarea del editor es facilitar las lecturas necesarias".

¡Cuánta sabiduría hay en este breve párrafo, y cuánta sinceridad humilde sobre lo que debe ser un editor! Repitamos, releamos las últimas cuatro palabras: *Facilitar las lecturas necesarias.* Ni más ni menos. ¿Cuántos editores o profesionales del libro siguen realmente este código ético? Muy pocos. Porque los auténticos editores, como Jason Epstein, son cada vez más escasos. Antes que él, Sir Stanley Unwin, otra *rara avis*, sentenció:

> Si buscas ante todo dinero, no te hagas editor. Los editores que consideran su negocio sólo como un medio para ganar

> dinero nos producen la misma impresión que los médicos sólo preocupados por sus honorarios. El negocio editorial da mayores satisfacciones que el dinero. Si dominas la técnica y estás dotado de la necesaria aptitud, te ganarás discretamente la vida, pero la labor de tus jornadas será interminable y es posible que cuanto mejor trabajes, peor sea tu recompensa pecuniaria.

En México hubo un editor así: Joaquín Díez-Canedo, quien mientras más autores descubría y mejores libros publicaba (fundamentales en la historia de la literatura mexicana del siglo XX), peor le iba a su editorial, hasta que terminó por venderla a un consorcio que, feliz de la vida, la destruyó, pues todas esas editoriales que venden cantidades enormes de libros chatarra y que carecen de algo sólido en su catálogo (algo sólido, pues, que no sea la chatarra), están empeñadas en hacer dinero, no lectores.

El editor argentino Mario Muchnik, otro ser extraño que ha fundado y perdido editoriales en manos del ávido mercado, escribió:

> Es muy difícil, o tal vez imposible, que una obra de lo que hoy se considera "gran tirada" tenga algo que ver con la cultura: las obras literarias de carácter cultural se han convertido, a causa de la dictadura del mercado, en obras llamadas "minoritarias". Y cuanto más importante es el aporte cultural de un libro (aunque no siempre), menor suele ser su tirada.

El tema admite, desde luego, la polémica, pero es verdad, para quien tenga la valentía de reconocerlo humildemente, que cada vez menos gente quiere apostar por la edición "minoritaria" en un mundo que privilegia eso que los economistas y los tecnócratas han dado en llamar, pomposamente, el impacto social, eufemismo que celebran mucho, y con alborozo, las moscas, pues miles de millones de ellas no pueden estar equivocadas: la basura es sabrosa.

Con el convencimiento del "impacto social", jamás se hubiesen publicado los libros, digamos, de Alfonso Reyes, José Gorostiza, Xavier Villaurrutia, Rubén Bonifaz Nuño, Rosario Castellanos u Octavio Paz, cuyo impacto social, en su momento, fue nulo o escaso.

Y lo que no consiguen entender los economistas y los tecnócratas es que esos libros para minorías acaban por modificar más esencialmente a la sociedad, a lo largo de los años, que todos los libros de grandes tiradas que justificaron de inmediato la inversión mercantil.

Hoy, con las nuevas tecnologías de la información, vuelve otra vez a cuestionarse la función del libro, y hay quienes creen, de veras, ingenuamente, que un libro, para merecer su publicación, debe importar a millones de personas (y para eso está internet). Pero hay magníficos libros que sólo les importan a unos cuantos que se irán sumando, a lo largo de los años, a otros *unos cuantos*, hasta convertir dichos libros en una de las partes básicas del conglomerado cultural de una nación.

Para el uso de los desmemoriados, Jason Epstein pone en síntesis la siguiente verdad: "Las nuevas tecnologías no suprimen el pasado, sino que edifican sobre él".

La verdadera función de los libros no la modifica ni siquiera internet.

La biblioteca personal

Al abordar los temas del libro y la lectura es común, pero necesario, invocar los muy célebres versos iniciales del poema "Un lector", de Jorge Luis Borges, que forma parte de su libro *Elogio de la sombra* (1969): "Que otros se jacten de las páginas que han escrito; / a mí me enorgullecen las que he leído".

Algunas décadas antes que Borges, en 1936, en *Ulises criollo*, José Vasconcelos, apóstol del libro, la lectura y las bibliotecas en el siglo XX mexicano, recuerda que uno de los placeres de su infancia, en Piedras Negras, Coahuila, fue la lectura de libros, y se enorgullece también de las páginas leídas:

> Mi pasión de entonces era la lectura, y me poseía con avidez. Devoraba lo que en la escuela nos daban y cada año nos ampliaban el círculo de clásicos ingleses y norteamericanos. Leía por mi cuenta en la casa todos los libros hallados a mano. Acogido al umbral de mi puerta, frente a la calle arenosa, todavía sin pavimento, pero ya de bombilla eléctrica en lo alto de un poste, recapacitaba una noche sobre mi saber, y al consumar el recuento de libros leídos pensaba: "Ningún niño en los dos pueblos ha leído tanto como yo". Tal vez entre los niños de la capital habría alguno que hubiese leído igual; pero de todas maneras, era evidente que estaba yo llamado a manejar ideas.

Con estos antecedentes, resulta natural que Vasconcelos entregara una parte importante de su vida a los libros, la lectura, las bibliotecas, y al esfuerzo de difundir algo de lo que a él más le apasionaba. No deja de ser sintomático y conmovedor el relato en el cual rememora cómo, muchos años más tarde, encuentra en ciertos libros de la Biblioteca Nacional el placer extraordinario de la lectura, al cual, para su desgracia, no siempre puede sumarle el goce de poseer el libro. También lo narra en sus *Memorias*:

> Hurgando en el pensamiento exótico caí, por fin, en mi predilección más permanente: la Escuela de Alejandría. La conocí a través del libro admirable de Vacherot. Había de él un solo ejemplar en la Biblioteca Nacional. Durante muchos años traté de adquirir esta obra que tantos anhelos despertaba en mi conciencia. En mis destierros por los Estados Unidos volví a encontrarla en las bibliotecas de Washington y de Nueva York, pero siempre como ejemplar raro. Y una vez en París me la señalaron en un catálogo de ediciones agotadas; pedían quinientos francos por el volumen. Ya había sido hasta ministro, pero no pude afrontar el gasto. Al principio, los discursos de Juliano, que Vacherot da en resumen, me causaban emoción profunda, me hacían llorar. Imaginaba al gran equivocado perdonado por Jesús, reconciliado en lo divino. Otra edición que en vano procuré poseer es el Bouillet con las *Enneadas*, de Plotino, que leí en la Biblioteca Nacional.

Los libros y las bibliotecas marcaron de tal forma a Vasconcelos que, cuando estuvo en posibilidad de compartir y difundir su pasión, publicó libros y creó bibliotecas, con la certeza de que el ambiente literatesco (la expresión es suya) contagia el espíritu y la emoción estética. En el caso de Vasconcelos y de tantos más, el niño que lee, en el lugar más apartado del mundo, se convierte con el tiempo en el adulto que lee y que ama los libros con la honda pasión, también, de poseerlos. Quien lee y no contrae el vicio de poseer los objetos amados es como aquel que, definido por Gabriel Zaid (haciendo paralelismo con el fumador), "nunca le ha dado el golpe a la lectura"; aquel que, aunque descifra de vez en cuando un libro, no asume la lectura como una necesidad.

Las bibliotecas personales son obra de los muchos años de leer y de los muchos goces que todo ello nos depara. Y es verdad que las bibliotecas personales se llenan también de libros parásitos, del mismo modo que crece la maleza en los jardines. Pero, si se es lector, ni siquiera esto justifica el abjurar de esa colección que con los años se incrementa.

He oído a tantos presuntos lectores quejarse de la selva de libros que tienen en su casa, que no les creo que sean lectores verdaderos, por más que afirmen que pueden tener el doble de volúmenes en un simple dispositivo digital. Si en su vivienda ya no caben los libros, la solución es muy fácil: que se deshagan de los cachivaches, de la televisión, de las pantallas y de los títulos y diplomas que cuelgan de las paredes. Verán que siempre pueden hacer un espacio para los libros.

Epílogo

Entre 2007 y 2008 sufrí una depresión grave o mayor. De ella salí debilitado pero también fortalecido en la razón, e incluso escribí un librito (*Escritura y melancolía*, Fórcola, Madrid, 2011) por el cual también valió la pena, para mí, haber pasado por esa penosa experiencia.

Gracias también a esa depresión comprendí un hecho que tiene validez científica: todo lo que hacemos sin placer, a regañadientes, o con profundo sufrimiento; todo lo que hacemos y no deseamos hacer es fuente de enfermedad. Estoy plenamente convencido de ello. Yo, en aquel entonces, no estaba feliz con lo que hacía, y cada uno de los días que pasaba se iba acumulando con los otros como fuente indudable de infelicidad.

Por eso, a lo largo ya de varios libros (*¿Qué leen los que no leen?*, *Antimanual para lectores y promotores del libro y la lectura*, *Ustedes que leen*, *Si quieres... lee*, *La letra muerta*, *Escribir y leer con los niños, los adolescentes y los jóvenes*, *Historias de lecturas y lectores*, *Lectoras*, *Estás leyendo... ¿y no lees?*, *Leer bajo su propio riesgo*, *Por una universidad lectora*, etcétera) he venido insistiendo en que la lectura no tiene por qué ser una coerción tediosa, infeliz, desdichada, sino una maravillosa felicidad a partir de estrategias creativas, cordiales, gentiles.

La solución es sencilla aunque no simple: dejemos de obligar a la gente a hacer cosas, y planteémosle realizarlas con alegría y con creatividad y veremos que todo funciona mejor. Y digo que es sencilla aunque no simple, porque esto, tan sencillo, no ha podido ser comprendido por muchísima gente que sigue creyendo que la letra con sangre entra.

Si entra con sangre es natural que salga con sangre, y siendo así lo que deseamos es olvidar el sufrimiento, no recordarlo todo el tiempo. Por eso, cuando ya ha cesado la obligación de leer en la escuela, los estudiantes que fueron obligados a leer estérilmente abandonan por completo ese ejercicio que padecieron, y se convierten en analfabetos funcionales, esto es, en personas que pueden leer pero no leen, porque lo que menos se les antoja es regresar al tedio que padecieron bajo el rigor de profesores o simplemente de adultos sin ninguna creatividad, pero sí con un afán militar disciplinario.

Recuerdo haber disfrutado especialmente el dar una charla a algunos cientos de alumnos de la Preparatoria 2 de la UNAM. En general, los muchachos son receptivos si les interesa lo que uno habla con ellos, y si también se les permite hablar y meter la cuchara en el diálogo. Todos habían leído libros por obligación, y muchos también estaban leyendo libros por puro gusto. Y cuando yo referí que en mis conferencias siempre me encuentro con muchachos de su edad a quienes les cuesta mucho trabajo hallar el sentido exacto de las interpretaciones que los manuales o sus maestros hacen de las obras, de inmediato se alzaron muchas manos de muchachos que pedían la palabra para compartir sus experiencias.

Al final algunos se acercaron para decirme en corto alguna inconformidad o algún agravio. Unos decían que habían entendido cosas muy distintas en Rulfo y en García Márquez que las que frecuentemente les daban como absoluta y únicamente válidas en los exámenes; otros manifestaban que cierto libro les había parecido aburridísimo, mientras que algún otro, incluso del mismo autor, les había fascinado. Puedo asegurar que el problema de la lectura no es un problema de la tecnología sino de la mala educación, y cuando me refiero a "la mala educación", de lo que estoy hablando es de la insulsa escolarización que no distingue entre una persona y un alumno, entre un ser humano y un estudiante.

El problema, les dije, es que el sistema escolar así como les niega el derecho al placer les niega también el derecho de aburrirse. Desde hace cuántos años Susan Sontag escribió *contra la interpretación*, y todavía seguimos en lo mismo. Las interpretaciones acerca de los libros no son mejores que los libros en sí, y las interpretaciones ajenas no son otra cosa que lecturas parciales, personales y, por lo mismo, subjetivas y arbitrarias, y no tenemos por qué adoptarlas antes de leer un libro y de dar nosotros nuestra propia opinión al leerlo.

Todos sabemos que hay interpretaciones jaladas de los pelos y que muchas de ellas están fabricadas por una hermenéutica de burócratas y académicos subvencionados que tiene la absoluta certeza de que todos los libros son acertijos que siempre esconden la verdad muy en lo profundo. Pero aun si esto fuera cierto, esa verdad profunda de todo libro no es la misma para todos los lectores.

Con algo de humildad, lo que tenemos que conseguir quienes leemos, interpretamos, criticamos, damos clases sobre lectura o escribimos es acompañar a los otros lectores a encontrar esos subtextos y referentes profundos, sin que les impongamos los nuestros. Sólo así la lectura recuperará su principio de placer y su seducción iniciática.

García Márquez ha mostrado cuán descabelladas, absurdas o francamente tontas son las interpretaciones de ciertos críticos, académicos y profesores a propósito de sus libros y personajes. Los críticos buscan y encuentran cosas que únicamente ellos ven y que el autor jamás se hubiera imaginado ni en sus más locas borracheras, y los profesores, a tono con esos críticos e incluso siguiendo sus elucubraciones, creen que los libros solamente se escribieron para dar clases de literatura y, en consecuencia, están convencidos de que dar clases de literatura es memorizar datos y resolver adivinanzas, simbologías y extraños misterios sin resolver. (La televisión, más que los libros, les ha sorbido el seso). El autor de *Cien años de soledad* aseguró —y esto no es simplista— que "el crítico se ha colocado por determinación autónoma y soberana, entre el autor y el lector, y yo creo que las relaciones entre estos últimos no necesitan intermediarios".

Lo horrible de las clases de literatura es que, cuando un lector está disfrutando algo, viene la interpretación burocrática a empañarle el placer con barbaridades y majaderías que han sido inventadas únicamente para tener algo que decir que parezca muy profundo, aunque sea la más ridícula trivialidad.

Es necesario replantearnos la lectura, pero no digo nada nuevo si afirmo que, antes que otra cosa, tenemos que replantearnos la educación sobre lectura y la educación en general. Permitir que los estudiantes se cuestionen lo que leen, a partir de sus propias inquietudes, y propiciar el intercambio de opiniones, puntos de vista y concepciones, para enriquecer y apropiarse del texto disparador del pensamiento y la emoción. Permitirles sus propias lecturas es uno de sus derechos.

Todos podemos encontrar lo insospechado en los libros, pero es triste que los estudiantes estén condenados a encontrar únicamente lo insospechadamente ajeno. El problema de la lectura en la universidad es un problema que proviene de los mecanismos coercitivos e insustanciales de la lectura en las fases previas de la escolarización.

Hoy, por ejemplo, y desde hace muchos años, es común que los universitarios, a la hora de enfrentarse al requisito de la tesis, no sepan no ya digamos cómo escribirla, sino siquiera cómo abordarla, cómo iniciarla, cómo concebirla, porque la tesis es también parte de las tareas, o la cúspide de las tareas, que se nutre de libros que muchas veces no se comprenden, y que se caracteriza por estar llena de citas y referencias al pie y en el cuerpo del texto, gracias a las cuales sabemos lo que piensan los autores citados, pero no lo que piensa el autor de la tesis que los cita.

Si la lectura de libros hubiese sido para el tesista un ejercicio cotidiano y placentero, seguramente sabría cómo se escribe un libro de propuestas y reflexiones cuyo contenido está hecho esencialmente de ideas, y ni siquiera tendría que ir a leer, para resolver su problema, el best seller de Umberto Eco, *Cómo se hace una tesis*.

Mucho tenemos que reflexionar al respecto, pero es obvio que no hemos querido aceptar la verdad, la realidad de nuestra condición educativa y cultural. Y mientras más tiempo nos tome reconocer que nos hemos equivocado en la educación sobre lengua y lectura, más tiempo nos tomará admitir que quizá debemos llegar a la universidad no a dilucidar tratados académicos ni a escribir tesis, sino, antes que nada, a aprender a leer.

Apéndice

Pasado y futuro del libro en México

El futuro de la lectura depende del futuro de los lectores.

CARLOS MONSIVÁIS

Ya se ha vuelto lugar común —y no sólo en México— quejarse de la crisis del libro pero, como dijo alguna vez cierto librero informado, quejarse por este dolor es del todo natural y previsible, porque el libro, desde hace al menos medio siglo, siempre ha estado en crisis.

Los que abrimos los ojos, ávidos y viciosos, a la lectura en las décadas de 1960 y 1970, lo hicimos en medio de los discursos sobre la crisis del libro. Desde entonces, los discursos no han menguado y más bien, en oscilaciones y trepidaciones, con algunos momentos de remanso y otros de optimismo, han aumentado al grado de alcanzar tonos apocalípticos que hablan ya no sólo del fin del libro, sino también, junto con ello, del fin del mundo.

Si lo vemos bien, atendiendo a este tipo de discursos, ¿por qué tendría que importarnos el libro si de todos modos el cambio climático, el calentamiento global, el efecto invernadero, el derretimiento de los casquetes polares y todas las pandemias virales y bacterianas juntas acabarán no sólo con los libros, las librerías, las bibliotecas, las casas editoriales, etcétera, sino también, y esto es lo más importante, con los lectores, libreros, editores, escritores, diseñadores, impresores, ilustradores, encuadernadores, distribuidores y toda la grey variopinta que algo tiene que ver en la cadena productiva del libro, porque en resumidas cuentas acabarán con el planeta y con la humanidad?

Es una muy larga pregunta que, de sólo leerla, nos corta el aliento, pero que, ya por el hecho simple de formularla, nos exige una respuesta que, por lo mismo, no puede ser ni breve ni, por supuesto, ingenua. Yo abreviaré y trataré de decir algo al respecto, aunque no sea, para nada, ni lo pretenda, la última palabra, sino tan sólo un acercamiento al tema.

Quiero partir de una fecha simbólica en México, que nos remite a la tan mentada crisis del libro, pero también a oportunidades frente a esa crisis. El año es 1973. Eran los tiempos de la presidencia de Luis Echeverría Álvarez, el presidente que se echó al bolsillo a los intelectuales. Echeverría había llegado al Gobierno del país con su lema "¡Arriba y adelante!". Era Jefe del Departamento del Distrito Federal Octavio Sentíes Gómez, a quien debe culparse de que, con el argumento del "embellecimiento de la ciudad de México", se haya demolido la pérgola de la Alameda Central que albergaba a la primera Librería de Cristal, instalada por Giménez Siles en 1940. (En su *Diccionario de literatura mexicana*, el investigador Armando Pereira señala que, previo a esa demolición, el Departamento del Distrito Federal promovió una campaña de desprestigio contra la librería de la Pérgola.)

Las cosas y las personas cambian, la realidad se transforma; nada es inmutable. Por lo anterior, nadie tendría por qué pretender que una librería fuese eterna. Lo que sí es de dudarse es que el presunto criterio artístico que se esgrimió para derruir la pérgola de la Alameda Central haya contribuido al embellecimiento de ese parque y de la ciudad.

Yo llegué a la ciudad de México, procedente de Chetumal, Quintana Roo (entonces pueblo grande más que ciudad chica), unos meses después de la demolición. La pérgola ya no existía, pero la Alameda Central era, casi exactamente, en 1974, como la vemos hoy. Muy bella, lo que se llama muy bella, no creo que sea, ni creo tampoco que una buena y gran librería le estorbara a su dudosa belleza.

En su *Guión autobiográfico profesional* (México, 1978), Rafael Giménez Siles, editor, librero e impresor, incluye una fotografía de la gran Librería de Cristal el año de su fundación. La ciudad era otra, por supuesto. Las avenidas Juárez e Hidalgo, muy distintas. Arriba de la pérgola central vemos el rótulo de EDIAPSA junto al nombre de la librería. A un lado está el rótulo de la revista *Tiempo*. Parece un pequeño mundo bucólico, y lo era, en cierto modo, pero lo que asombraba, en todo caso, era que ese pequeño mundo estuviese animado por una gran librería. No creo que esto, en esas mismas proporciones, haya vuelto a ocurrir jamás en México. Y veamos por qué.

En 1973, la ciudad de México, junto con la zona conurbada del Estado de México, tenía nueve millones de habitantes. Hoy, más de cuarenta años después, esta población se ha duplicado, y con sus más de 20 millones de habitantes el Valle de México no posee una librería como aquella de la pérgola, si tenemos en cuenta que la gran Librería de Cristal se había creado en 1940, cuando la población de la ciudad de México no llegaba a los dos millones de habitantes, y la de todo el país apenas si rebasaba los 19 millones.

Según dato del Tercer Informe de Gobierno de Echeverría, la población total del país había alcanzado, en 1973, los 56 millones de habitantes, con un índice de crecimiento de

3.5% anual, uno de los más altos del mundo y el más alto entre los países con una población semejante o mayor. Fueron los tiempos de la campaña de "paternidad responsable" para contener la explosión demográfica, famosa por sus lemas "Vámonos haciendo menos", "La familia pequeña vive mejor" y "Señora: usted decide si se embaraza".

En la actualidad, México, el país, tiene una población total de más de 122 millones de habitantes, más del doble de la que tenía en 1973. Las familias se han reducido, algunas al grado de ser disfuncionales por carecer de progenie pero, para el asunto que nos interesa, esta población que creció a más del doble en nueve lustros, tiene hoy, proporcionalmente, igual o menos acceso al libro que el que se podía tener en 1973.

En cuanto a la economía latinoamericana, se conoce a los años 1973-1982 como la "década perdida", debido a la crisis internacional originada en el alza de precios del petróleo en 1973, que hizo crecer la deuda externa de todos los países de la región. A decir de la especialista Isabel Clemente, "cuando México suspendió el servicio de su deuda externa desencadenó una espiral de graves consecuencias para las sociedades latinoamericanas que tuvieron que experimentar los efectos de los planes de ajuste estructural y refinanciación de la deuda".

Pero, en tanto, ¿qué ocurría con la industria del libro en México y en los demás países de la región? En 1971, como protocolo internacional, México, al igual que los otros países miembros de la ONU, firmó la Carta del Libro, un documento rector en materia de cultura aprobado en Bruselas el 22 de octubre por el Comité de Apoyo al Año Internacional del Libro. La Carta consta de diez artículos y en el sexto enuncia que "los libreros prestan un servicio fundamental de enlace entre el editor y el lector", para luego añadir:

> En la vanguardia de quienes se esfuerzan por fomentar el hábito de la lectura están los libreros, cuyas responsabilidades son a la vez culturales y educativas. Su función es decisiva al poner a disposición de los lectores un surtido eficiente y bien seleccionado de libros. Las tarifas especiales de correos y de transporte aéreo, las facilidades de pago y otros estímulos financieros, ayudan eficazmente al librero en el cumplimiento de su misión.

El Año Internacional del Libro se proclamó y celebró, en 1972, por iniciativa de la Unesco. Para el caso, México emitió una estampilla postal, pero no existe registro de que el gobierno mexicano haya planteado una iniciativa para apoyar al libro, sino hasta tres años después, cuando el 9 de abril de 1975 aparece publicado en el *Diario Oficial* el "Decreto por el que se crea un Comité Consultivo para el Desarrollo de la Industria Editorial y Comercio del Libro".

Al referirse a la década de 1970, en Argentina, Eustasio A. García habla de restricciones cambiarias y de congelación de precios en el mercado interno, con normas que afectan al sector importador; de ahí que, precisamente en 1973, se haya sancionado la primera Ley del Libro en Argentina que declaró de interés nacional la promoción, producción, comercialización y difusión del libro argentino, "favoreciendo su circulación y otorgando incentivos y desgravaciones impositivas". Entre éstas se obtuvo por primera vez la exención del IVA.

Todo esto produjo momentos de auge alternados con dificultades, pero en general el libro argentino sobresalió a escala continental, lo que contribuyó al desarrollo de la lectura y al surgimiento de nuevas editoriales y librerías.

Para el caso de Colombia, Fernán Torres León señala hacia 1964: "La mayoría de las editoriales que funcionan en Colombia son simplemente industrias de impresión que fabrican libros por encargo y a precios muy elevados". No fue hasta la creación, en 1968, de la editorial La Oveja Negra, por un grupo de once profesionistas de distintas carreras, cuando la industria colombiana del libro comenzó a tener presencia nacional e internacional.

En cuanto a la industria chilena del libro, recordemos que el año de 1973 es, justamente, el que se denominó como del *apagón cultural*, con la dictadura militar de Augusto Pinochet que derrocó a Salvador Allende. A decir de Eduardo Castillo García, la industria chilena pasó de la masificación del libro (1970-1973), con el gobierno popular de Allende, a un panorama más que desalentador con la dictadura de Pinochet. Gravámenes excesivos, dificultades de circulación y diferentes trabas funcionaron a la vez como disuasivos de la lectura y censura de las ideas impresas. Sólo para tener una idea de lo que fue aquello, Castillo García nos dice que en 1959 se editaron en Chile 1 227 títulos, pero 16 años después, con Pinochet en el gobierno, en 1975 los títulos editados descienden a 618, es decir, 50% menos.

En Venezuela se dieron dos proyectos emblemáticos de carácter gubernamental: la fundación, en 1968, de Monte Ávila Editores, y la creación, en 1974, de la Biblioteca Ayacucho. Algo parecido ocurrió en México con una colección célebre, como la ha llamado Eduardo Mejía: "SepSetentas, que apareció durante cien lunes y con reimpresiones de textos agotados, o nuevos ensayos en que se revisaba la política, la historia, el teatro, el arte, la literatura mexicanos", con tirajes no menores a los 10 000 ejemplares y que, en varios casos, alcanzaban los 70 000.

Ya dijimos que en 1973, en México, la capital se despidió de su gran Librería de Cristal que había abierto sus puertas en 1940. Es una fecha simbólica para referirnos a la decadencia, más que a la crisis, pues México en el último medio siglo siempre ha estado en crisis y, en consecuencia, también su industria editorial.

Pero en 1946, en *The New York Times Book Review*, el redactor Milton Bracker llegó a decir que "iluminada por el brillo del neón color lavanda, que anuncia a un escritor y no a una estrella de cine" se alza "una de las más singulares tiendas del mundo: La Librería de Cristal, en el corazón de la ciudad de México". Pensemos en el año de 1946, hace casi setenta años. Una librería con cuarenta escaparates, abierta desde las nueve de la mañana hasta la medianoche, 364 días al año, con excepción del día del trabajo, y con un *stock* estimado en 200 000 dólares.

"El señor Giménez Siles —explicaba el redactor estadounidense— decidió poner a sus autores en altos anuncios luminosos porque estaba ya cansado de anuncios de estrellas de cine y marcas de cerveza. Pensó que ya era tiempo de que el autor apareciera en ese tipo de anuncio". Armando Pereira añade que

> la Librería de Cristal de la Pérgola contó con bocinas que hacían llegar la música a los jardines de la Alameda. En la planta alta se instaló una sala de exposiciones, donde

> también se daban conferencias. También se instaló un café literario, el Café de Cristal, donde se reunieron intelectuales de la época, como José Vasconcelos, Ermilo Abreu Gómez, Alfonso Reyes, Salvador Novo, Artemio de Valle-Arizpe y Martín Luis Guzmán. Esta empresa, además, le dio una nueva dimensión a la librería mexicana: suprime el mostrador y así establece un contacto directo entre el libro y el cliente. Se suprime al vendedor y es ahora la gente quien escoge el libro.

Todo esto dejaba a Bracker más asombrado al considerar que, en 1946, México tenía una tasa de analfabetismo del 48%. En el censo poblacional de 1970, el analfabetismo en México se había reducido al 25.8%, es decir, a pesar de su disminución, seguía siendo alto, ya que equivalía a más de un cuarto de la población mayor de 15 años. Hoy, el analfabetismo tiene expresiones mucho más reducidas (5.5%), pero las expectativas de un público lector más amplio no se han cumplido del modo en que lo estimaban los optimismos triunfales de la pedagogía y la educación superior.

En 1980, en su *Testamento profesional: comentarios, ilustraciones y sugerencias al finalizar la tarea editorial, librera e impresora*, Giménez Siles dijo lo que muchas veces, por cortesía, había callado:

> El Estado mexicano sigue manteniendo al margen a la industria y al comercio nacionales del libro, sin resolverle problemas de producción y comercialización que, de ser atendidos, beneficiarían más la cultura del país tan necesitado de salir del bajo nivel de instrucción en que se encuentra. Pero tan inexplicable insensibilidad política no

> supone que en cada período sexenal deje de hacer cuantiosas erogaciones, salidas irrecuperables del presupuesto de la nación, para llevar a cabo demagógicas iniciativas editoriales y libreras de funcionarios, situados en puestos influyentes de la educación pública, con repentinas aficiones a esas actividades que, por lo visto, surgen en ellos por generación espontánea.

Es como si Giménez Siles estuviese hablando de nuestros tiempos y no de los suyos, porque el gran problema es que lo que no cambia en México, en esta materia, son los discursos y las acciones. Un discurso de ayer sobre el libro, puede perfectamente leerse hoy porque tiene la rara virtud de ser ahistórico. Quien tenga curiosidad, que vaya a las hemerotecas y consulte lo que se dice acerca del libro y la lectura de cuarenta años a la fecha: los términos de los discursos no han variado (y son casi exactamente los mismos), porque la cultura sigue siendo un buen pretexto para decir cosas edificantes y nobles, aunque estrictamente no se haga nada o se haga muy poco para solucionar o tratar de solucionar problemas que a los políticos no les importan en absoluto sino tan sólo como temas de discurso.

En los últimos años de su existencia, Giménez Siles abordó también un tema que hoy se sigue debatiendo con pasión y, a veces, con posturas irreconciliables en el seno librero: el de los artificiales grandes descuentos a clientes. Escribió en su *Testamento profesional*:

> En tiempos difíciles, de crisis —siempre han sido difíciles los tiempos para los negocios del libro en general— los más desanimados anuncian descuentos imposibles de

> mantener, en los precios de determinados libros, en ocasiones de la totalidad de uno o varios rubros editoriales, desacreditando el catálogo del editor, que a veces consiente, también por recurso o por generosa ayuda. Esos libreros caen en el error de hacer creer al público que son tan grandes los márgenes de beneficio en la venta del libro que pueden dejar de ganar un porcentaje importante en favor del comprador, y dan pie a la injuria que el público lanza frecuentemente contra el gremio. El prestigio siguen manteniéndolo las muchas librerías que viven comercialmente dentro del respeto y de la seriedad tradicionales que corresponden a la institución.

Repetimos la elocuente opinión del librero español de que "en el librero concurren dos circunstancias inseparables: la económica y la cultural, y que en el logro del equilibrio de estas dos circunstancias está la virtud de su profesión-vocación".

Quien desee consultar el *Testamento profesional* de Rafael Giménez Siles puede hacerlo en el portal de la Biblioteca Cervantes Virtual, www.cervantesvirtual.com.

Según cifras actuales de la Unesco, América Latina tiene un promedio general de analfabetismo de 11%, y dentro de este promedio se hallan en los extremos Guatemala, El Salvador y Honduras, por un lado, con 17%, 16% y 15%, respectivamente, y Cuba, por el otro, con solo 0.7%. México tiene una tasa de 5.5%, no muy lejos de Colombia (5.7%) y Ecuador (6.8%), pero algo distante de Costa Rica (3.2%) y Argentina (1.9%).

Aparte de la labor de José Vasconcelos y Jaime Torres Bodet, en la década de 1920, la lectura, como asunto de

Estado, no apareció realmente en México sino hasta medio siglo después, en la década de 1970, y casi siempre asociada a la alfabetización y a la escolaridad, un equívoco que, por lo demás persiste en nuestros días, cuando se confunde "comprensión" o "competencia" lectoras con lectura autónoma.

Sin embargo, precisamente a inicios de la década de 1970 es cuando, entre la gente de cultura, el tema se aborda desde perspectivas más abiertas, menos ancladas a la simple habilidad de decodificar un texto, y ello se debió a la inquietud que produjo que la reducción de los índices de analfabetismo no trajera aparejada, como llegó a suponerse, una población mayoritariamente lectora o consumidora de libros. Los más optimistas se mostraron perplejos ante el fenómeno de que la gente alfabetizada no tuviese mayor interés por los libros, de manera autónoma. Era necesario indagar por qué y plantear iniciativas y mecanismos de solución, pues si la alfabetización por sí misma no conducía de manera natural a la desinteresada lectura por placer, entonces estaba sucediendo algo que se no se entendía del todo.

El Centro Regional para el Fomento del Libro en América Latina y el Caribe (Cerlalc), dependiente de la Unesco, asumió esta tarea de atender dicho problema al iniciar precisamente los setenta. Así lo explica el propio Centro en su portal electrónico al referir sus antecedentes:

> A finales de los años sesenta se identificó, a través de diversos estudios de organismos internacionales, que el acceso a los libros y la lectura estaba directamente vinculado con el desarrollo de los países. Por esta razón, la Unesco le propuso a la comunidad internacional la creación de

organismos regionales que apoyaran a los gobiernos en la definición de políticas del libro y la lectura. En su momento se crearon en diversas regiones del mundo centros regionales con esta misión: en Yaundé, Camerún; El Cairo, Egipto; Karachi, Pakistán; Tokio, Japón; y, para América Latina y el Caribe, se crea el Cerlalc, con sede en Bogotá, Colombia, en 1971.

Aunque México se adhirió desde entonces al Cerlalc, no fue sino hasta 1975 cuando se creó por decreto el ya mencionado Comité Consultivo para el Desarrollo de la Industria Editorial y Comercio del Libro, en el entendido de que para conseguir un mayor desarrollo cultural era indispensable apoyar la cadena productiva del libro.

Al crearse este comité se exponen, entre otras razones, la necesidad de impulsar el desarrollo de la industria editorial mexicana, así como su conexa de artes gráficas, facilitándole los medios para su incremento; contar con mecanismos de estímulos que propicien tal desarrollo; establecer las condiciones necesarias para el cabal aprovechamiento del mercado interno y la conquista de los mercados extranjeros. Todo ello con el propósito de fomentar la cultura, la educación y la información en todo el territorio nacional para impulsar el desarrollo integral del país; estimular la capacidad creadora; generar trabajos permanentes en la industria de artes gráficas, etcétera.

El punto clave para la creación de este comité, en medio de la crisis del mercado, se expresa en el argumento de que

> la apertura irrestricta del mercado interno ha propiciado que la industria editorial de otros países esté asumiendo una

> posición predominante, que ha determinado un desequilibrio en la balanza comercial de este sector. La falta de reciprocidad en el tratamiento que reciben las exportaciones de libros mexicanos, por parte principalmente de aquellos países cuya producción ha tenido la más absoluta libertad de acceso al nuestro, nos sitúa en condiciones de gran desventaja y contribuye a acentuar este desequilibrio.

Entre las tareas de este comité mexicano, se habla de "elaborar programas para el fomento de la cultura nacional y el hábito de la lectura, a través de las industrias editorial y de artes gráficas". También se refiere al establecimiento de bibliotecas, con el apoyo del gobierno federal y aportaciones de la industria editorial, pero nada se dice, por ningún lado, de las librerías. Da la impresión de que no existen, pese a que ya desde el siglo XIX puede hablarse de librerías propiamente dichas, con establecimientos ex profeso en donde se generaban tertulias, como bien lo documenta Juana Zahar Vergara en su libro *Historia de las librerías de la ciudad de México.*

Era obvio que, para promover y fomentar el libro y la lectura, además de apoyar a la industria editorial debía ponerse atención en una parte fundamental de la cadena del libro: las librerías y los libreros. Pero en 1975, el Poder Ejecutivo federal parecía no saber de su existencia. Quizá por todo ello la crisis del libro en México se agudizó hasta llegar a nuestros días con las condiciones adversas por todos conocidas, pues es bien sabido que si, por un lado, el Estado emitía discursos favorables a la industria editorial y librera, por el otro ese mismo Estado, en la práctica, mediante mecanismos impositivos, burocráticos y de esquemas mercantiles no diferenciados, ponía trabas y dificultaba el desarrollo de la industria y el mercado del libro.

En el informe de la reunión del Comité de Planeamiento para el Año Internacional del Libro (1972), realizada del 13 al 16 de abril de 1971, en París, en la sede de la Unesco, hay dos puntos que se refieren específicamente a los libreros. En el primero se señala:

> Un experto librero señaló que la Asamblea General de la Comunidad Internacional de Asociaciones de Libreros se reunirá en París en marzo de 1972. Añadió que la organización comprendía perfectamente la necesidad de dar información a los libreros, pero no podía hacerlo por contar con recursos limitados. Varios oradores señalaron que en sus países se organizaban cursos nacionales e internacionales. Un experto ofreció comunicar a la Unesco los datos relativos a los métodos de formación en su país. Expertos de países en vías de desarrollo y desarrollados se declararon dispuestos a hacer otro tanto. Un orador se refirió a la posibilidad de obtener financiamiento para esas actividades por medio de programas que recibían ayuda gubernamental y de fundaciones privadas.

En el segundo punto, leemos:

> Los libreros se proponen publicar durante el Año Internacional del Libro un manual sobre la venta de libros. Esta noticia fue recibida con satisfacción por varios oradores, especialmente de los países en vías de desarrollo. Otro orador declaró que cada organización profesional debiera hacer otro tanto durante el Año Internacional del Libro,

> esto es, publicar un manual de formación en su disciplina particular.

Esto demuestra que, desde hace más de cuatro décadas, los libreros ya se preocupaban por cumplir de la mejor manera su función de intermediarios entre el libro y el lector; conocían bien la importancia que tenían las librerías como centros dinámicos de cultura y comercialización de un producto singular, aunque en el decreto mexicano de 1975 no se mencione en absoluto la importancia de las librerías y, además, se confunda al bibliotecario con el librero, como si ambas profesiones fuesen similares.

En 1982, en Londres, en su discurso inaugural del Congreso Mundial del Libro, el director general de la Unesco, Amadou-Mahtar M'Bow, destacó el desarrollo general de la industria del libro, durante los diez años transcurridos desde el Año Internacional del Libro, gracias al "amplio intercambio de opiniones sobre la situación y las experiencias realizadas, entre los especialistas de todas las profesiones que intervienen en la producción y la distribución de libros: autores, traductores, editores, libreros y bibliotecarios, entre otros muchos".

Pese al esfuerzo de mis investigaciones en el apasionante terreno librero, me declaro imposibilitado para decir, con precisión matemática, cuántas y cuáles eran las verdaderas librerías establecidas en el territorio nacional mexicano entre 1970 y 1973. Lo que sí sabemos es que existían en buen número y que, entre ellas, la de la Pérgola en la Alameda Central era la mejor.

Cuando la de la Pérgola fue demolida en 1973, Rafael Giménez Siles tenía varias en el Distrito Federal y en algunos estados del país. En 1967, para su *Diario público*, Emmanuel Carballo realiza un recorrido, que es recuento, por las dos grandes rutas de librerías del Distrito Federal y contabiliza 62. Una de estas grandes rutas, "la más importante, corre de la Catedral a las Lomas de Chapultepec. Baja por dos calles, 5 de Mayo y Madero, sigue por la Avenida Juárez y toma después el Paseo de la Reforma". La otra va de norte a sur, de las colonias Cuauhtémoc y Juárez a la Ciudad Universitaria por la Avenida de los Insurgentes, y las calles próximas, y la Avenida Universidad. Los establecimientos de una y otra ruta suman 53. Las nueve restantes se encuentran en los aledaños de la vieja Universidad, en la zona residencial de Polanco, en los límites con el Estado de México, en San Juan de Letrán y en la Avenida Hidalgo.

Entre los establecimientos más importantes, Carballo consigna los siguientes: Herrero, Patria, Goya, Samará, Juventud, IDEEA, Porrúa, Madero, American Book Store, Plateros, Plaza, San Pablo, Cristal la Pérgola, Misrachi, Porrúa Juárez, Bellas Artes, Del Prado, Juárez, Francesa, Latinoamericana, Cristal Diana y Lomas, Barrio Latino, Británica, Bonilla, Cristal Nazas, Londres, Dalis, Cristal Niza, Internacional, Zaplana Insurgentes, Cristal América y Manacar, Ateneo, Prensa Médica, Bonilla Universidad, Fondo de Cultura Económica, Aguilar, UTHEA.

Luego, en su *Diccionario de literatura mexicana*, Armando Pereira incluye, entre las librerías más importantes de la ciudad de México a las siguientes: Bonilla, César Cicerón, Del Sótano, El Ágora, El Juglar, El Volador, Gandhi, Herrero, Madero, Misrachi, Parroquial, Pigom, Porrúa, Robredo, Zaplana, además de las De Cristal, universitarias y de ocasión y de viejo.

Me temo que, aunque las librerías se han extendido hoy a lo largo y ancho del país y ya no son más únicamente privilegio de la ciudad de México, su cantidad y su diversidad no corresponden con las expectativas de hace medio siglo. Más bien, siguen siendo insuficientes para un país de más de 122 millones de habitantes con casi 95% de alfabetización.

El *Atlas de infraestructura cultural de México*, publicado en 2003 por el Consejo Nacional para la Cultura y las Artes, tenía un registro de 1 146 librerías distribuidas en las 32 entidades federativas, pero sobre todo aglomeradas en siete de ellas: el Distrito Federal (423), el Estado de México (75), Veracruz (55), Jalisco (53), Nuevo León (48) y Guanajuato y Baja California (42 cada una). Según el *Atlas*, hace diez años el estado del país que menos librerías tenía era Colima, con solamente dos, y le seguían en esta carencia Tlaxcala, con tres; Campeche, con cuatro, y Nayarit, con siete.

Si tenemos en cuenta que las 423 librerías de la ciudad de México (sin contar la zona conurbada) se ubican entre una población de más de 9 millones de habitantes, y que las dos de Colima se insertan en una población total de 600 000 habitantes, las estadísticas optimistas se quiebran por todos lados. Más aún, yo diría que se quiebran incluso desde las mismas metodologías de medición, pues si el criterio del Cerlalc, para definir una librería, se refiere a "los establecimientos mercantiles de libre acceso al público, de cualquier naturaleza jurídica, que se dedican exclusiva o principalmente a la venta de libros", quedan al margen de esta definición algunos puntos de venta en cadenas de autoservicio y restaurantes que tienen infinitamente más libros en existencia que muchas librerías-papelerías, que sí se consideran tanto en la definición de Cerlalc como en las estadísticas del *Atlas de infraestructura cultural de México.*

Pero es que, en realidad, las estadísticas casi siempre resultan frustrantes o equívocas cuando a partir de ellas se sacan conclusiones que tienden a la homogeneización o a la generalización y no a las especificidades. No es que cada librería de Colima atienda a 300 000 habitantes; es que, sencillamente, las librerías atienden, primero, a la población que sabe leer y lee, y segundo, a la que, además de este requisito, tiene aprecio por el objeto libro, así como poder adquisitivo y satisfacción de compra por algo que, para muchos, es sencillamente inútil e incluso oneroso, aunque posean medios económicos. De otro modo, creamos una imagen distorsionada del mercado, con expectativas optimistas o pesimistas, según se vea, que no se sostienen por ningún lado.

La existencia o inexistencia de librerías está estrechamente vinculada al desarrollo o a la falta de desarrollo socioeconómico, educativo y cultural. Y es a este punto al que yo quería llegar, recordando el epígrafe de Carlos Monsiváis: "El futuro de la lectura depende del futuro de los lectores".

Porque, además, como es lógico, el futuro de los lectores depende del futuro de las librerías, las bibliotecas, las casas editoriales, los autores, los impresores, los distribuidores, etcétera, en un vínculo indisociable que es lo que hace que llamemos a este fenómeno la *cadena productiva del libro.*

Podemos ser apocalípticos o ilusos. En ambos casos, en absoluto objetivos. Si las franquicias transnacionales de pizzas y hamburguesas, después de convenientes estudios de mercado, se establecen en Colima más fácilmente que las librerías, es porque allá, como en muchos otros lados, hay más demanda de pizzas y hamburguesas que de libros. Pero, por otra parte, no se puede dejar a un lado la oferta, que está vinculada también a la creación de públicos. Y yo creo que es en este aspecto en el que no ha funcionado, desde hace décadas, el sistema educativo y cultural de México.

Pongo un ejemplo muy burdo: podría el Estado imprimir 100 000 ejemplares del libro más sublime y canónico de las letras universales y repartirlo, gratuitamente, entre los asistentes al partido de futbol que abarroten el estadio Azteca, en la Ciudad de México. A cada espectador, sin distinción ninguna, su ejemplar. Se estarían repartiendo libros muy buenos, pero no se estarían fomentando o desarrollando lectores. Y esto es lo que no se ha entendido del todo: que la lectura la hace la necesidad, que no es otra cosa que la necesidad del gusto; esta misma necesidad del gusto (que algunos juzgarán mal gusto) es la que hace que se vendan las pizzas y las hamburguesas en establecimientos de franquicias especialmente dispuestas para ello. Sin la necesidad del gusto por la lectura, ni siquiera el reparto gratuito e indiscriminado de libros conseguirá el incremento de lectores.

A decir de Gabriel Zaid, "la dispersión de libros al azar tiene un costo social muy alto, que paga el editor, el librero que compra en firme, el lector y el autor", porque "fuera del lugar, del momento, en que va a producirse el encuentro feliz con su lector, un libro no vale ni el papel en que está impreso: es basura dispersa por las calles, flotante en el mar".

En otro símil zaidiano maravilloso, a propósito de los libros fuera de lugar, Zaid compara el desperdicio de entusiasmo, recursos y, entre ellos, por supuesto, la materia prima básica que es el papel, con el ejercicio de lanzar desde la ventana de un alto edificio miles de hojas volantes impresas sobre un determinado asunto: algunas, unas pocas, caerán en las manos de algún interesado; pero todas las demás tan sólo ensuciarán las calles y constituirán un abuso contra el ambiente. Hasta el servicio de limpia trabajará el triple, y casi nadie se verá beneficiado con ese despropósito tal vez incluso bienintencionado y con nobles anhelos.

Si el futuro del libro depende del futuro de los lectores, y el futuro de las librerías depende también de estos lectores —y no sólo de que se mantengan, sino de que aumenten proporcionalmente con el incremento de la población—, todo ello depende también de la inversión educativa y cultural, de la formación de públicos lectores y no nada más del establecimiento de librerías, con el ingenuo argumento de que ahí donde no hay lectores es porque no hay librerías.

Yo diría incluso, aunque sea políticamente incorrecto decirlo, que regalar libros es una muy mala práctica, una pésima idea que conspira contra la lectura misma de libros. Muchos de los que dicen que no leen porque los libros son caros pueden pagar sin chistar una semana en Cancún o en Disneylandia y no cuestionan los precios del avión, el hotel, los aperitivos, las comidas, los desayunos, las cenas y los espectáculos, y hasta pueden dejar generosas propinas por los excelentes servicios, pero se llaman a escándalo si tienen que pagar trescientos pesos por un libro. No es una exageración. Conozco a personas así.

El problema de la lectura no es únicamente un problema que resida en los precios, sino en los aprecios. La falta de aprecio por los libros tiene que ver con otras prioridades. En general, no es verdad que la mayor parte de la gente no lea porque los libros son caros. Los mejores libros son incluso los más baratos. Una cosa es que la gente piense que lo que debe leer, porque está de moda, es el reciente libro de Murakami, del que incluso puede salir desilusionada o aburrida, y otra muy distinta decir que los libros son carísimos, prohibitivos, a pesar de que junto a Murakami, en la estantería se pueda encontrar muy probablemente a Faulkner, Fitzgerald, Flaubert, Forster, etcétera, a precios ridículos, y casi con la garantía de la satisfacción, si se es realmente lector y no únicamente cliente de modas.

Por lo demás, cualquiera compra una cajetilla diaria de cigarrillos que, sumado su precio a la semana, le alcanzaría para más de un libro. Pero otra vez, nos topamos con la necesidad. Para ese fumador, fumar es necesario y placentero; leer, no. En cuestión de vicios, cada quien es libre de elegir los suyos (incluso si ponen en riesgo su vida), pero que nadie venga a decir que los analfabetos funcionales lo son porque los libros les resultan tan caros que no los pueden adquirir.

Conste que no estoy pidiendo que los libros se encarezcan ni pretendo ignorar los problemas del poder adquisitivo; lo que sí hago es relativizar: lo que afirmo es que los lectores leerán a cualquier precio, y cuando digo esto no sólo me refiero a los obstáculos económicos sino también a cualquier otro tipo de barrera que se interponga entre el libro y su lector.

En cuanto a los programas y campañas de lectura, siguen en las mismas. A los funcionarios y políticos de la educación y la cultura les preocupan cosas que nada tienen que ver con la realidad, y han sido incapaces de propiciar la formación y el desarrollo de públicos; en otras palabras, de generar la necesidad de leer, a través de un eficaz trabajo de persuasión, seducción, excitación y contagio que sí han sabido hacer otras manifestaciones que hoy a mi juicio no necesitan siquiera propaganda o publicidad: el futbol, por ejemplo, y hasta el jaripeo.

Por otra parte, hay que abandonar de una vez por todas las falsas mitologías bienintencionadas de la lectura: nadie se muere a causa de no haber leído *Cien años de soledad*, porque, de hecho, muchísimos se han muerto sin haberlo leído. Nos morimos por causas menos poéticas y más contundentes, y en el pabellón de oncología, Gabriel García Márquez es por supuesto mucho menos necesario que un buen cancerólogo, aunque nunca esté de más.

Si dejamos de engañar a la gente, y le hablamos con la verdad y con los pies bien puestos en la realidad, probablemente sea más factible que esa gente nos crea que la fantasía y la invención que pueblan las páginas de los libros también son importantes para nuestra vida, sin que quiera decir que de ello dependa todo lo demás.

Dicho todo lo anterior, creo que se entiende, de una manera lógica, que el futuro de la lectura y de los lectores está ligado al buen presente de todos los procesos y elementos que componen la cadena productiva del libro. Pueden existir las más extraordinarias bibliotecas (que, por supuesto, aún no existen en México), pero ello no se opone a que existan las más extraordinarias librerías, porque el que ha caído en las garras del vicio impune no se conforma con que le presten el libro, sino que desea poseerlo.

Y es cierto, también, que el libro electrónico influye en los hábitos lectores, pero el libro portátil, el libro tradicional en papel, sigue teniendo consumidores porque hay necesidades que no se sacian sino con el satisfactor adecuado. Si lo que se desea y se necesita, para saciar la sed, es agua, ofrecer vino o refresco es no entender el significado del término necesidad: "aquello a lo cual es imposible sustraerse".

Hasta las bibliotecas más cómodas y confortables no son mejores que mi sillón favorito para leer mi libro favorito que la biblioteca no tiene en existencia o lo tiene en préstamo. Hasta las computadoras más avanzadas, con nítidas pantallas, pueden no ser el medio más grato para ir pasando las páginas de un libro.

Pese a todos los avances tecnológicos y pese a todos los conceptos sensatos y ciertos sobre la superación tecnológica del libro, hay placeres que no se sustituyen. El sexo virtual no es lo mismo que el amor, aunque haya personas que lo prefieran. Pero, además, resulta incontrovertible, al menos hoy, que quienes no gustan de leer libros en papel, tampoco gustan de leerlos en pantalla. Simplemente no leen libros.

El libro y las librerías tienen todavía futuro porque no han agotado su presente. Ese futuro depende sin duda de los lectores. Seguramente no de todos los lectores, pero sí de un segmento de ellos: ese que está constituido por quienes siguen tomando agua cuando tienen sed, aunque les ofrezcan vino o refresco.

Los lectores opinan acerca de *¿Qué leen los que no leen?*

Juan Domingo Argüelles ha dedicado mucho tiempo al problema de la lectura. Aunque parece un proceso simple, un intercambio apenas visual entre el ojo y la letra impresa, la lectura es capaz de relacionarnos por medio del lenguaje con culturas, espacios temporales y cosmovisiones inaccesibles a través de otras tecnologías. De ahí que Argüelles, poeta de vocación, se haya sumergido en el gran misterio de la lectura, un campo de investigación reciente pero apasionante en donde se dan cita los estudios culturales, la historia del libro, la crítica literaria, la filosofía, las ciencias sociales y más. Argüelles se pregunta: ¿Qué leen los que no leen? El libro que salió de esta interrogación fue un primer ejemplo de cómo escribir sobre la lectura y ayudó a derribar algunos mitos, como el de la obligación moral de leer, o la educación escolar como único puente hacia el mundo letrado.

OLMO BALAM, *Correo del Libro.*

En este interesante ensayo, *¿Qué leen los que no leen?*, Juan Domingo Argüelles nos plantea las diferentes problemáticas por las cuales la gente no lee. La que más llamó mi atención es aquella que lleva por título "Leer es un peligro". Nos explica que la escuela nos ha hecho creer que los libros se hicieron únicamente para estudiar. Debido a lo anterior cualquier persona que disfrute la lectura, puede llegar a ser visto como alguien extraño. Cuando leí el título de la problemática, me imaginé que el autor redactaría cosas negativas sobre la lectura. Sin embargo, me llevé una sorpresa al descubrir que quienes hacen de la lectura un peligro son la sociedad y el sistema. Juan Domingo no nos quiere obligar a leer y tampoco nos culpa por no hacerlo. Él quiere inculcar el interés sincero por la lectura.

IVONNE BÁRCENAS LEJARAZO, *Leer es un acto libre.*

Juan Domingo Argüelles (Chetumal, 1958) ha enfocado sus habilidades analíticas a los estudios sobre el fenómeno de la lectura, su promoción institucional, el placer del conocimiento y las libertades del intelecto en el entorno de una sociedad, como la mexicana, con hondos problemas sociales, como hizo evidente desde *¿Qué leen los que no leen?*. Su postura es antisolemne y crítica de los tópicos y prejuicios que asignan al hábito lector prodigiosas cualidades morales y políticas; lo que Domingo Argüelles busca es resituar la reflexión en torno a la lectura en la órbita de la individualidad, el ludismo y el saber.

GENEY BELTRÁN FÉLIX, *La Razón.*

Juan Domingo Argüelles es quien con mayor precisión ha reflexionado en México sobre el libro y la lectura. Promover la lectura en un país como el nuestro, en el que el índice de lectores no sobrepasa al dos por ciento, es nadar contra la corriente. De este ejercicio han salido libros como *¿Qué leen los que no leen? El poder inmaterial de la lectura, la tradición literaria y el placer de leer.* Si alguien piensa que la lectura de libros lo hará rico, quizá tenga razón: será rico en conocimientos, habrá viajado de la mano de los autores y eso enriquece la memoria; habrá soñado mundos posibles e imposibles y eso enriquece la existencia; habrá compartido ciudades, calles, fronteras, desiertos, mares, planetas, formas de hablar y alguna parte de su ser se habrá sensibilizado y le habrá permitido poner los pies en la tierra. Esta sensación queda después de leer la prosa de Juan Domingo Argüelles sobre los libros y la lectura, que es abundante, abreva en autores clásicos y contemporáneos y no impone un modelo de lectura. Diríamos que en este sentido Juan Domingo Argüelles es de muchas maneras un libro abierto y la lectura una trampa de la libertad.

MARGARITO CUÉLLAR, *El Siglo de Torreón*.

Juan Domingo Argüelles se ha dedicado a estudiar los hábitos culturales en la sociedad contemporánea, y muy especialmente la lectura como principio básico para el desenvolvimiento pleno e integral de la sociedad y los individuos. Su alegato en *¿Qué leen los que no leen?* es una denuncia inteligente y argumentada de que algo estamos haciendo mal. Menos prescripciones y más dedicación. Menos programas obligatorios y más experiencias compartidas. Los libros empiezan en el corazón.

VÍCTOR F. FREIXANES, *La Voz de Galicia*.

En *¿Qué leen los que no leen?* Juan Domingo Argüelles afirma que "lejos de seducir a posibles adeptos, los mecanismos de fomento y promoción de la lectura han conseguido todo lo contrario: ahuyentar a los potenciales lectores. A ello se suma el ultraje de desdeñar y vilipendiar a los no lectores, con posturas abiertamente moralizantes y discriminatorias". De alguna manera, muchos piensan que leer los hace cultos, les da estatus o los distingue. Pero hay otros, quizá los más, que simplemente leen porque encuentran placer en las páginas de un libro. El músculo cerebral —y el del alma— se entrena para disfrutar y, como todo lo que nos gusta, procuramos repetirlo.

DAVID GARCÍA ESCAMILLA, *Ideas que Ayudan.*

¿Qué leen los que no leen? es un libro agradable y reflexivo del autor Juan Domingo Argüelles, proclive a la argumentación, aunque, eso sí, para nada es uno de esos textos de supuesta lectura obligada, sino únicamente opcional, para el gozo y el disfrute.

ÓSCAR ARMANDO HERRERA PONCE, *SDP Noticias.*

Un llamado a la mesura viene de Juan Domingo Argüelles, uno de los estudiosos que —junto con Gabriel Zaid— han tratado más a conciencia el fenómeno de la lectura y el libro en México. Desde una perspectiva de divulgador y lector especializado ha publicado libros esenciales como *¿Qué leen los que no leen?* y *Ustedes que leen*, entre otros.

JONATHAN LOMELÍ, *Magis.*

El comienzo del libro es fulgurante, con una cita de Gabriel Zaid, muy presente en toda la obra: "¿Y para qué leer?

¿Y para qué escribir? Después de leer cien, mil, diez mil libros en la vida, ¿qué se ha leído? Nada. Decir: yo solo sé que no he leído nada, después de leer miles de libros, no es un acto de fingida modestia: es rigurosamente exacto, hasta la primera decimal de cero por ciento. Pero, ¿no es quizá eso, exactamente, socráticamente, lo que los muchos libros deberían enseñarnos? Ser ignorantes a sabiendas, con plena aceptación. Dejar de ser simplemente ignorantes, para llegar a ser ignorantes inteligentes". El libro está estructurado en cinco capítulos: El poder inmaterial de la lectura, La lectura como valor escolarizado, Usos y abusos de la lectura (donde se recogen esos intentos por "obligar" a la gente a leer cuando lo que quiere es ver, por ejemplo, la televisión), Cuando leer no es un placer y El libro y la cultura escrita en la aldea global. En definitiva, puede parecer que el título sea engañoso, pero después de leerlo, nos enfrentaremos de otra forma a la lectura y al mundo de los libros.

JUAN C. MARCOS RECIO, *Madrid Documentación.*

El empeño de Juan Domingo Argüelles, que es un lector tenaz y copioso, es justamente desproveer a la lectura de aquellas adherencias que la hacen áspera y temible a fin de presentarla como una práctica libre, singular y gozada. Es decir, lo contrario de una actividad impuesta, reverencial o aristocrática.

JUAN MATA, *Discreto Lector.*

¿Qué leen los que no leen? es un ensayo honesto y valiente que cuestiona, abiertamente, la actitud moralizante,

obsesiva, de imponer la lectura como un deber, se nos dice, para nuestro beneficio. Es una crítica irónica a quienes han abusado de su "condición casi racial de lectores para despreciar a los que no leen". [...] Este ensayo es un diáfano y ameno alegato en defensa de la lectura placentera, que se goza con irreverencia, sin explicación ni justificación alguna. Una loa cómplice al lector desenfadado, subversivo y hedonista. También al lector que no se olvida de vivir.

FRANCISCO NIETO, *La Jornada Semanal.*

El escritor mexicano Juan Domingo Argüelles ha tratado el problema de la lectura en la actualidad desde la óptica de la lectura en sentido amplio, como realmente tiene que ser. En su libro *¿Qué leen los que no leen?*, este título desafiantemente llamativo hace recordar el sugestivo título con el cual aparecieron las misivas intercambiadas entre Umberto Eco y el arzobispo de Milán, Carlo Maria Martini, *¿En qué creen los que no creen?* En ambos casos las preguntas son un tanto irreverentes e incluso aparentemente vanas, pero realmente muy importantes. Señala Argüelles que el problema no es cuantitativo —no es si hoy se lee más que antes— sino cualitativo. Es mucho más significativo preguntarse sobre qué leer y para qué leer, que cuánto se lee.

JORGE PAREDES,
Lectura: De la descodificación al hábito lector.

Creo que nunca antes un solo libro había despertado la necesidad de leer tantos otros. Me refiero a *¿Qué leen los que no leen?*, de Juan Domingo Argüelles. Tantos, que tuve que fotocopiarme la bibliografía que el libro incluye al final de sus páginas (bajo el bello epígrafe "Algunas obras que han alimentado este libro pero que nadie tiene la obligación de leer", muy acorde con la filosofía de toda la obra). Libros sobre lectura, literatura, educación, cultura y nuevas tecnologías. Estupendo volumen. Dejaré que pase un tiempo ante de abalanzarme sobre *Historias de lecturas y lectores*, para diluir la sensación de urgencia.

SFER, *Librosfera*.

Algunas obras que han alimentado este libro pero que nadie tiene obligación de leer

Aleixandre, Vicente, *En un vasto dominio*, Alianza, Madrid, 1978.

Arreola, *La palabra educación*, edición de Jorge Arturo Ojeda, SEP, México, 1973.

———, *Confabulario antológico*, Círculo de Lectores, Barcelona, 1973.

———, *Inventario*, Grijalbo, México, 1977.

Arreola, Orso, *El último juglar. Memorias de Juan José Arreola*, Diana, México, 1998.

Baeza, Ricardo (compilador), *Ensayistas ingleses*, estudio preliminar de Adolfo Bioy Casares, traducción de Ricardo Baeza y B. R. Hopenhaym, Consejo Nacional para la Cultura y las Artes, México, 1992.

Baudrillard, Jean, *Las estrategias fatales*, traducción de Joaquín Jordá, Anagrama, Barcelona, 1997.

Berman, Marshall, *Todo lo sólido se desvanece en el aire. La experiencia de la modernidad*, traducción de Andrea Morales Vidal, Siglo XXI, México, 1988.

Bettelheim, Bruno y Karen Zelan, *Aprender a leer*, traducción de Jordi Beltrán, Crítica, Barcelona, 1983.

Bierce, Ambrose, *Diccionario del Diablo*, edición de Aitor Ibarrola, Cátedra, Madrid, 1999.

Bioy Casares, Adolfo, *La invención y la trama. Una antología*, edición de Marcelo Pichon Rivière, Fondo de Cultura Económica, México, 1988.

Boorstin, Daniel J., *La nariz de Cleopatra. Ensayos sobre lo inesperado*, traducción de Antonio Desmonts, Crítica, Barcelona, 1996.

Borges, Jorge Luis, *Siete noches*, Fondo de Cultura Económica, México, 1980.

———, *Textos cautivos. Ensayos y reseñas en "El Hogar" (1936-1939)*, edición de Enrique Sacerio-Garí y Emir Rodríguez Monegal, Tusquets, Barcelona, 1986.

———, *A/Z*, edición de Antonio Fernández Ferrer, Siruela, Madrid, 1991.

________, *Obra poética, 1923-1985*, Emecé, Buenos Aires, 1998.

________, *Borges en Sur, 1931-1980*, edición de Sara Luisa del Carril y Mercedes Rubio de Socchi, Emecé, Buenos Aires, 1999.

Borges, Jorge Luis y Antonio Carrizo, *Borges el memorioso. Conversaciones*, Fondo de Cultura Económica, México, 1986.

Borges, Jorge Luis y Osvaldo Ferrari, *Diálogos*, Seix Barral, Barcelona, 1992.

________, *Reencuentro. Diálogos inéditos*, Sudamericana, Barcelona, 2001.

Calvino, Italo, *Por qué leer los clásicos*, traducción de Aurora Bernárdez, Tusquets, México, 1993.

Castro, Rodolfo, *La intuición de leer, la intención de narrar*, Paidós, México, 2002.

Cavallo, Guglielmo y Roger Chartier (coordinadores), *Historia de la lectura en el mundo occidental*, traducción de María Barberán, Mari Pepa Palomero, Fernando Borrajo y Cristina García Ohlrich, Taurus, Madrid, 2001.

Cebrián, Juan Luis, *La red*, Punto de Lectura, Madrid, 2000.

Cernuda, Luis, *Poesía y literatura, I y II*, Seix Barral, Barcelona, 1971.

________, *Poesía completa*, edición de Derek Harris y Luis Maristany, Barral, Barcelona, 1977.

Comte-Sponville, André, *Pequeño tratado de las grandes virtudes*, traducción de Pierre Jacomet, Editorial Andrés Bello, Santiago de Chile, 1996.

Connolly, Cyril, *Cien libros clave del movimiento moderno, 1880- 1950*, traducción de Aurelio Major, Fondo de Cultura Económica, México, 1993.

Cutts, Warren G., *La enseñanza moderna de la lectura*, traducción de Lidia Chami, Troquel, Buenos Aires, 1968.

Chamfort, *Máximas, pensamientos, caracteres y anécdotas*, edición de Antonio Martínez Sarrión, Aguilar, Madrid, 1989.

Dahl, Svend, *Historia del libro*, traducción de Alberto Adell, Alianza/ Consejo Nacional para la Cultura y las Artes, México, 1991.

Del Paso, Fernando, *Memoria y olvido. Vida de Juan José Arreola (1920-1947)*, Consejo Nacional para la Cultura y las Artes, México, 1994.

Dore, Ronald, *La fiebre de los diplomas. Educación, cualificación y desarrollo*, traducción de Ernestina de Champourcín, Fondo de Cultura Económica, México, 1983.

Eco, Umberto, *Obra abierta*, traducción de Roser Berdagué, Ariel, Barcelona, 1979.

Epstein, Jason, *La industria del libro. Pasado, presente y futuro de la edición*, traducción de Jaime Zulaika, Anagrama, Barcelona, 2002.

Fernández Collado, Carlos y Roberto Hernández Sampieri, *Marshall McLuhan. El explorador solitario*, Grijalbo/Universidad Iberoamericana, México, 1995.

Ferreiro, Emilia y Margarita Gómez Palacio (compiladoras), *Nuevas perspectivas sobre los procesos de lectura y escritura*, Siglo XXI, México, 1982.

Fuentes, Carlos, *En esto creo*, Seix Barral, México, 2002.

________, *Tres discursos para dos aldeas*, Fondo de Cultura Económica, Buenos Aires, 1993.

García Jiménez, Salvador, *El hombre que se volvió loco leyendo "El Quijote"*, Ariel, Barcelona, 1996.

García Márquez, Gabriel, *Vivir para contarla*, Diana, México, 2002.

________, *Notas de prensa. Obra periodística 5, 1961-1984*, Mondadori, Barcelona,1999.

Garibay, Ricardo, *Tendajón mixto*, Proceso, México, 1989.

________, *Paraderos literarios*, Joaquín Mortiz, México, 1995.

________, *Oficio de leer*, Océano, México, 1996.

Garrido, Felipe, *Cómo leer mejor en voz alta*, SEP, México, 1998.

________, *El buen lector se hace, no nace. Reflexiones sobre lectura y formación de lectores*, Ariel, México, 1999.

Girolamo, Constanzo di, *Teoría crítica de la literatura*, traducción de Alejandro Pérez, Crítica, Barcelona, 2001.

Henestrosa, Andrés, *Los hombres que dispersó la danza y algunos recuerdos, andanzas y divagaciones*, edición de Alí Chumacero, Fondo de Cultura Económica, México, 1992.

Hesse, Hermann, *Lecturas para minutos*, selección de Volker Michels, traducción de Asunción Silván, Alianza, Madrid, 1975.

Ibargüengoitia, Jorge, *Autopsias rápidas*, Vuelta, México, 1988.

Illich, Ivan, *En América Latina, ¿para qué sirve la escuela?*, Búsqueda, Buenos Aires, 1973.

________, *La sociedad desescolarizada*, traducción de Gerardo Espinosa, Barral, Barcelona, 1975.

________, *La convivencialidad*, traducción de Matea P. de Gossmann, Barral, Barcelona, 1975.

International Reading Association, *Diccionario de lectura y términos afines*, traducción de Elena Jiménez Moreno, Fundación Germán Sánchez Ruipérez/Ediciones Pirámide, Madrid, 1985.

Jolibert, Josette y Grupo de Docentes de Écouen, *Formar niños lectores de textos*, traducción de Viviana Galdames Franco y Alejandra Medina Moreno, Dolmen/Océano, Santiago de Chile, 2002.

———, *Formar niños productores de textos*, traducción de Viviana Galdames Franco y Alejandra Medina Moreno, Dolmen/Océano, Santiago de Chile, 2002.

Kaplan, Justin, *Mark Twain y su mundo*, traducción de Doirki, Ediciones del Serbal, Barcelona, 1984.

Kleist, Heinrich von, *Sobre el teatro de marionetas y otros ensayos de arte y filosofía*, edición a cargo de Jorge Riechmann, Hiperión, Madrid, 1988.

Lichtenberg, Georg Christoph, *Aforismos*, edición a cargo de Juan Villoro, Fondo de Cultura Económica, México, 1989.

López Velarde, Ramón, *Obras*, edición de José Luis Martínez, Fondo de Cultura Económica, México, 1990.

Manguel, Alberto, *El viajero, la torre y la larva. El lector como metáfora*, traducción de Víctor Altamirano, Fondo de Cultura Económica, México, 2014.

Matthews, Gareth B., *El niño y la filosofía*, traducción de Carlos Valdés, Fondo de Cultura Económica, México, 1983.

McLuhan, Marshall, *La galaxia Gutenberg*, traducción de Juan Novella, Planeta, Barcelona, 1985.

McLuhan, Marshall y Eric McLuhan, *Leyes de los medios. La nueva ciencia*, traducción de Juan José Utrilla, Alianza/Consejo Nacional para la Cultura y las Artes, México, 1990.

Mejía, Eduardo, *Baúl de recuerdos. Sabores, aromas, miradas, sonidos y texturas de la ciudad de México*, Océano, México, 2001.

Montaigne, Michel de, *Ensayos completos*, traducción de Juan G. de Luaces, Porrúa, México, 1991.

———, *Páginas inmortales*, selección y prólogo de André Gide, traducción de Juan Gabriel López Guix, Tusquets, Barcelona, 1993.

Montes, Graciela, *El corral de la infancia*, Fondo de Cultura Económica, México, 2001.

Moorhouse, A. C, *Historia del alfabeto*, traducción de Carlos Villegas, Fondo de Cultura Económica, México, 1965.

Muchnik, Mario, *Lo peor no son los autores. Autobiografía editorial, 1966-1997*, Taller de Mario Muchnik, Madrid, 1999.

_______, *Banco de pruebas. Memorias de trabajo, 1949-1999*, Taller de Mario Muchnik, Madrid, 2000.

_______, *Léxico editorial para uso de quienes todavía creen en la edición cultural*, Taller de Mario Muchnik, Madrid, 2002.

Nabokov, Vladimir, *Curso de literatura rusa*, traducción de María Luisa Balseiro, Ediciones B, Barcelona, 1997.

_______, *Opiniones contundentes*, Taurus, Madrid, 1999.

Negroponte, Nicholas, *Ser digital*, traducción de Dorotea Placking, Atlántida/Océano, México, 1996.

Novo, Salvador, *En defensa de lo usado y otros ensayos*, Polis, México, 1938.

Ovidio, *El arte de amar*, edición de Laura Emilia Pacheco, Océano, México, 2002.

_______, *El arte de amar. El remedio del amor*, traducción de Francisco Crivell, edición de Carlos García Gual, EDAF, Madrid, 1998.

Pacheco, José Emilio, *Las batallas en el desierto*, Era, México, 1981.

_______, *La sangre de Medusa y otros cuentos marginales*, Era, México, 1990.

_______, *Tarde o temprano. Poemas, 1958-2000*, Fondo de Cultura Económica, México, 2000.

Paz, Octavio, *Obras completas, vol. 9: Ideas y costumbres, I. La letra y el cetro*, Círculo de Lectores/Fondo de Cultura Económica, México, 1995.

_______, *Itinerario*, Fondo de Cultura Económica, México, 1993.

Pennac, Daniel, *Como una novela*, traducción de Joaquín Jordá, Anagrama, Barcelona, 1993.

Pessoa, Fernando, *Poesía*, selección, traducción y notas de José Antonio Llardent, Alianza, Madrid, 1983.

Petit, Michèle, *Lecturas: del espacio íntimo al espacio público*, traducción de Miguel y Malou Paleo y Diana Luz Sánchez, Fondo de Cultura Económica, México, 2001.

_______, *Nuevos acercamientos a los jóvenes y la lectura*, traducción de Rafael Segovia y Diana Luz Sánchez, Fondo de Cultura Económica, México, 1999.

Reyes, Alfonso, *La experiencia literaria*, Fondo de Cultura Económica, México, 1983.

———, *Cuentos*, edición de Alicia Reyes, Océano, México, 2001.

Ryback, Timothy W., *Los libros del Gran Dictador: Las lecturas que moldearon la vida y la ideología de Adolf Hitler*, traducción de Marc Jiménez Buzzi, Destino, Barcelona, 2010.

Roszak, Theodore, *El culto a la información. El folclore de los ordenadores y el verdadero arte de pensar*, traducción de Jordi Beltrán, Grijalbo/Consejo Nacional para la Cultura y las Artes, México, 1990.

Rulfo, Juan, *Toda la obra*, Consejo Nacional para la Cultura y las Artes, México, 1992.

Savater, Fernando, *Perdonadme, ortodoxos*, Alianza, Madrid, 1986.

———, *Diccionario filosófico*, Planeta, México, 1996.

Schiffrin, André, *La edición sin editores. Las grandes corporaciones y la cultura*, traducción de Eduardo Gonzalo, Era, México, 2001.

Schopenhauer, Arthur, *El arte de insultar*, edición de Javier Fernández Retenaga y José Mardomingo, EDAF, Madrid, 2000.

———, *El arte de tener razón expuesto en 38 estratagemas. Dialéctica erística*, traducción de Dionisio Garzón, EDAF, Madrid, 2000.

———, *Arte del buen vivir y otros ensayos*, traducción de Eduardo Gómez Bauer, EDAF, Madrid, 2001.

Schumacher, E. E, *Lo pequeño es hermoso*, traducción de Óscar Margenet, Orbis, Barcelona, 1983.

Shah, Idries, *La sabiduría de los idiotas. Cuentos de la tradición sufí*, traducción de Alfonso Colodrón, EDAF, Madrid, 2000.

Steiner, George, *Lenguaje y silencio. Ensayos sobre la literatura, el lenguaje y lo inhumano*, traducción de Miguel Ultorio, Gedisa, Barcelona, 2000.

Stevenson, Robert Louis, *Fábulas y pensamientos*, traducción de Emilio Tejada, Valdemar, Madrid, 2002.

Toffler, Alvin, *El shock del futuro*, traducción de J. Ferrer Aleu, Fondo de Cultura Económica/Plaza y Janés, Barcelona, 1972.

Vaneigem, Raoul, *Aviso a escolares y estudiantes*, traducción de Juan Pedro García del Campo, Debate, Barcelona, 2001.

Vasconcelos, José, *Memorias (Ulises criollo, La tormenta, El desastre, El proconsulado)*, 2 volúmenes, Fondo de Cultura Económica, México, 1982.

Vázquez, María Esther, *Borges, sus días y su tiempo*, Punto de Lectura, Madrid, 2001.

Viñao Frago, Antonio, *Leer y escribir. Historia de dos prácticas culturales*, Fundación Educación, Voces y Vuelos, México, 1999.

Vizinczey, Stephen, *Un millonario inocente*, traducción de Ana María de la Fuente, Grijalbo, México, 1991.

________, *El hombre del toque mágico*, traducción de Ana María de la Fuente, Seix Barral, Barcelona, 1994.

________, *Verdad y mentiras en la literatura. Ensayos y críticas*, traducción de Pilar Giralt Gorina, Seix Barral, Barcelona, 2001.

Voltaire, *Cartas filosóficas y otros escritos*, Alba Libros, Madrid, 1999.

________, *Diccionario filosófico*, prólogo de Fernando Savater, edición de Ana Martínez Arancón, 2 volúmenes, Temas de Hoy, Madrid, 2000.

Wilde, Oscar, *Epístola: In Carcere et Vinculis ("De Profundis")*, traducción de José Emilio Pacheco, edición de Cristina y José Emilio Pacheco, Seix Barral, Barcelona, 1980.

________, *Ensayos y diálogos*, traducción de Julio Gómez de la Serna, Hyspamérica, Madrid, 1985.

Wolton, Dominique, *Internet, ¿y después? Una teoría crítica de los nuevos medios de comunicación*, Gedisa, Barcelona, 2000.

________, *Sobrevivir a internet. Conversaciones con Olivier Jay*, Barcelona, Gedisa, 2000.

Zaid, Gabriel, *Los demasiados libros*, Océano, México, 1996.

________, *Cómo leer en bicicleta*, Océano, México, 1996.

________, *Obras*, vol. 3: *Crítica del mundo cultural*, El Colegio Nacional, México, 1999.

Índice onomástico

Esta obra se imprimió y encuadernó
en el mes de septiembre de 2017,
en los talleres de Impregráfica Digital, S.A. de C.V.,
Calle España 385, Col. San Nicolás Tolentino,
C.P. 09850, Iztapalapa, Ciudad de México.